Warhol

1928-1987

Text: Eric Shanes
Übersetzung: Dr. Martin Goch
Redaktion der deutschen Veröffentlichung: Klaus Carl

Layout:
BASELINE CO LTD
33 Ter – 33 Bis Mac Dinh Chi St.,
Star Building; 6th floor
District 1, Hô Chi Minh City
Vietnam

© 2005, Parkstone Press International, New York, USA
© 2005, Confidential Concepts, worldwide, USA
© 2005 Andy Warhol Foundation for the Visual Arts/ Artists Rights Society (ARS), New York, USA

Alle Rechte vorbehalten
Das vorliegende Werk darf nicht, auch nicht in Auszügen, ohne die Genehmigung des Inhabers der weltweiten Rechte reproduziert werden. Soweit nicht anders vermerkt, gehört das Copyright der Arbeiten den jeweiligen Fotografen. Trotz intensiver Nachforschungen war es aber nicht in jedem Fall möglich, die Eigentumsrechte festzustellen. Gegebenenfalls bitten wir um Benachrichtigung.

ISBN : 978-1-84484-556-9

Gedruckt in China

„Wenn Sie alles über Andy Warhol wissen möchten, schauen Sie nur auf die Oberfläche meiner Bilder, meiner Filme und von mir selbst, und da bin ich. Dahinter ist nichts."

– Andy Warhol

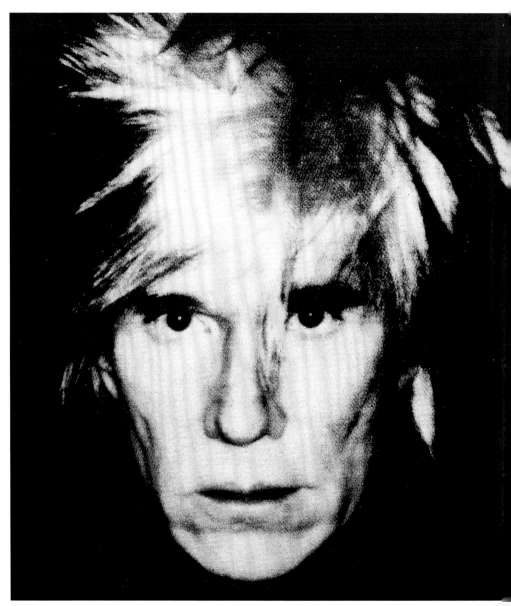

BIOGRAFIE

1928   Warhol wird am 6. August als Andrew Warhola in Pittsburgh, Pennsylvania, als dritter Sohn von Ondrej und Julia Warhola geboren.

1945   Schließt die High School ab und beginnt mit dem Studium der Bildgestaltung am Carnegie Institute of Technology.

1949   Macht seinen Abschluss (Bachelor of Fine Arts). Geht nach New York. Veröffentlicht unter dem Namen Andy Warhol seine ersten Illustrationen in einer führenden Modezeitschrift.

1951   Macht seine ersten Zeichnungen für das Fernsehen sowie Entwürfe für Anzeigen, die ihm zwei Jahre später seine erste Goldmedaille des Art Directors Club einbringen.

1952   Erste Ausstellung in der Hugo Gallery in New York, bei der allerdings kein Bild gekauft wird.

1954   Veranstaltet drei Ausstellungen seiner Werke in der Loft Gallery, veröffentlicht *Twenty-five Cats Name [sic] Sam and One Blue Pussy (Fünfundzwanzig Katzen namens Sam und eine blaue Muschi)*, arbeitet für die Gruppe *Theatre 12*.

1955   Erhält den Auftrag, eine Serie wöchentlicher Zeitungsanzeigen für das modische Schuhgeschäft I. Miller zu entwerfen. *A la Recherche du Shoe Perdu (Die Suche nach dem verlorenen Schuh)* und stellt die Mappe für *Drawings for a Boy Book (Zeichnungen für ein Jungenbuch)* aus.

1956   Stellt in der Bodley Gallery aus. Ausstellung einiger Zeichnungen *Neue Zeichnungen USA* im Museum of Modern Art in New York. Erhält für seine Schuhreklame die 35. Jährliche Auszeichnung für Herausragende Verdienste des Art Directors Club. Beginnt mit der Sammlung von Kunstwerken. Hat im Dezember eine erfolgreiche Ausstellung mit Zeichnungen unter dem Titel *Crazy Golden Slipper* in der Bodley Gallery.

1957   Wird mit einer Doppelseite in *Life* vorgestellt. Erhält für seine I. Miller-Schuhanzeigen die 36. Jährliche Medaille des Art Directors Club. Hat eine weitere erfolgreiche Ausstellung in der Bodley Gallery und veröffentlicht *The Gold Book (Das Goldbuch)* als Werbegeschenk für die Weihnachtszeit.

1958   Trägt sich mit dem Gedanken, sich den schönen anstelle der angewandten Künste zuzuwenden, nachdem er die ersten Ausstellungen von Jasper Johns und Robert Rauschenberg gesehen hat.

1959   Verliert den I. Miller-Auftrag, hat jedoch eine große Zahl anderer Werbeaufträge und erhält vom American Institute of Graphic Arts für seine Arbeiten des Vorjahres das Zertifikat der Exzellenz. Ist sich im Unklaren, welche Richtung er einschlagen soll.

1960   Beginnt mit der ernsthaften Malerei. Bezieht seine Motive aus der Werbung und aus Comics und malt Alltagsobjekte wie *Coca Cola*-Flaschen. Der Kunsthändler Ivan Karp interessiert sich für seine Arbeit.

1961   Stellt im Schaufenster des Kaufhauses Bonwit Teller Pop-Bilder aus. Beginnt damit, Bilder direkt an Sammler zu verkaufen. Der Kunsthändler Irving Blum aus Los Angeles macht sich mit Warhols Arbeiten vertraut. Warhol kauft die Idee für die Bilder der *Campbell*'s-Suppendosen von der Galeriebesitzerin Muriel Latow.

1962   Malt *Campbell*'s-Dosen und Dollarnoten. Entdeckt das Potenzial der Siebdrucktechnik, stellt die *Campbell*'s-Serie in Irving Blums Ferus Gallery in Los Angeles aus. Produziert erste Siebdrucke vom Baseball und von Popmusik- und Filmstars und beginnt mit seiner Marilyn-Serie. Stellt in der Pop Art-Ausstellung in der Sidney Janis Gallery aus. Hat mit einer nur ihm gewidmeten Ausstellung in der einflussreichen Stable Gallery seinen Durchbruch in New York. Fast alle ausgestellten Bilder werden verkauft.

1963   Produziert seine ersten Bilder der Rassenunruhen. Beginnt mit der Arbeit an seinen ersten Siebdrucken von Katastrophen. Dreht seine ersten Filme, u. a. *Sleep*. Fährt für seine Ausstellung in der Ferus Gallery nach Los Angeles. Beginnt mit seiner *Jackie*-Serie.

Andy Warhol

1964	Stellt unter dem Titel *Tod in Amerika* Katastrophen-Bilder in Ileana Sonnabends Galerie in Paris aus. Stellt Holzskulpturen von Verpackungskartons für *Campbell's*-Dosen, Brillopads und *Del Monte*-Pfirsichhälften her, die in der Stable Gallery ausgestellt werden. Stellt das Wandgemälde *Thirteen Most Wanted Men* (*Dreizehn steckbrieflich gesuchte Männer*) in der New Yorker Weltausstellung aus. Übermalt das Gemälde später nach politischen Protesten. Stellt die Blumenbilder her. Ein Atelierbesucher mit einer Pistole durchschießt vier Marilyn-Bilder.
1965	Reist für die Eröffnung der Blumenbilder-Ausstellung nach Paris. Hat seine erste nur ihm gewidmete Museumsretrospektive im Institute of Contemporary Art in Philadelphia. Die Eröffnung versinkt auf Grund der Menschenmengen fast im Chaos. Ruft die *Velvet Underground* ins Leben.
1966	Eröffnet im Polnischen Kulturzentrum eine Multimedia- und Musik-Show mit den *Velvet Underground*. Stellt die Kuhtapete und die heliumgefüllten Silberballons in der Leo Castelli Gallery aus. Dreht im Sommer *Chelsea Girls*, seinen ersten kommerziell erfolgreichen Film.
1967	Stellt im Pavillon der Vereinigten Staaten für die Weltausstellung in Montreal sechs Selbstporträts aus.
1968	Valerie Solanas verübt ein Attentat auf Warhol, der sich aber erholt.
1969	Veröffentlicht die erste Nummer seiner Zeitschrift *Interview*. Valerie Solanas wird zu drei Jahren Gefängnis verurteilt. Dreht seinen erfolgreichsten Film, *Trash*.
1970	Reist für die Eröffnung einer großen Retrospektive nach Kalifornien. Eines seiner Suppendosen-Bilder erzielt den bis dato höchsten Preis, der jemals bei einer Auktion für ein Werk eines lebenden amerikanischen Künstlers gezahlt wurde.
1971	Eröffnet eine Retrospektive im Whitney Museum of American Art in New York. Dreht in Los Angeles *Heat*.
1972	Malt über 2.000 Bilder des Vorsitzenden Mao.
1973	Beginnt mit der Fertigung kommerzieller Porträts.
1975	Beginn der Arbeit an den Mappen mit Porträts von Mick Jagger und der Druckserie von Transvestiten-Bildern.
1976	Dreht seinen letzten Film, *Bad*. Nimmt die Arbeit an den Serien *Hammer and Sickle* (*Hammer und Sichel*) und *Skulls* (*Schädel*) auf.
1977	Produziert die Serien *Athletes* (*Athleten*), *Torsos* (*Torsi*) und das Bild *American Indian* (*Indianer*) sowie die *Oxidations*-Serie.
1978	Malt die Bilder von Geschlechtsteilen sowie die Serie *Shadows* (*Schatten*).
1979	Nimmt die Arbeit an den Bilderserien *Reversals* (*Umkehrungen*) und *Retrospectives* (*Retrospektiven*) auf. Ausstellung *Porträts der Siebziger Jahre* im Whitney Museum in New York.
1980	Fertigt die Serie *Ten Portraits of Jews of the Twentieth Century* (*Zehn Porträts von Juden des 20. Jahrhunderts*) und Porträts von Joseph Beuys an.
1981	Produziert die Serien *Dollar Signs* (*Dollarzeichen*), *Knives* (*Messer*), *Revolver* (*Revolver*) und *Myths* (*Mythen*).
1982	Produziert die Serien *German Monuments* (*Deutsche Monumente*), *Goethe* und De Chirico-Reproduktionen.
1984	Malt die Serien *Rorschach Test*, *Edvard Munch* und bearbeitet Renaissance-Gemälde. Beginn der künstlerischen Zusammenarbeit mit Jean-Michel Basquiat.
1985	Produziert Bilder von Werbeanzeigen, während die Bilder der Königinnen von Assistenten angefertigt werden. Gemeinsame Ausstellung mit Jean Claude Basquiat.
1986	Produziert die Selbstporträts in Tarnfarben sowie die Bilder- und Druckserien zu den Motiven Friedrich der Große, Lenin, Leonardos *Abendmahl*, Autos, Blumen und *Campbell's*-Suppendosen.
1987	Stirbt am 22. Februar in einer New Yorker Klinik nach einer Routineoperation an der Gallenblase.

Andy Warhol war ein Künstler, der seinen Finger am Puls der Zeit hatte. Durch die Einführung einer Reihe neuer Techniken, vor allem mittels der visuellen Isolation von Bildern, ihrer Wiederholung und der betonten Ähnlichkeit zu gedruckten Bildern sowie des Gebrauchs schreiender Farben zur Aufdeckung der in der Massenkultur häufig anzutreffenden groben Effekte, kommentierte Andy Warhol direkt und indirekt den Nihilismus und Materialismus,

Golden Boy
―――――――
1957
Tinte und Bleistift auf hartem Karton, 49,5 x 34,6 cm
Stiftung Sammlung Marx
Museum für Gegenwart, Berlin

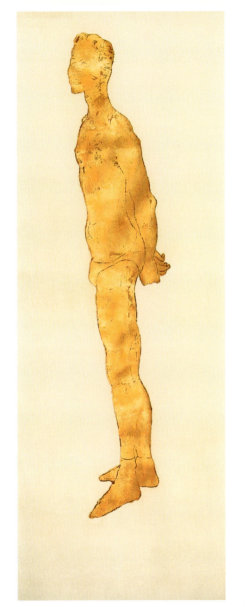

die Lebensmüdigkeit, politischen Manipulationen, wirtschaftliche Ausbeutung, Prestigekäufe, den Personenkult und die künstliche Schaffung von Bedürfnissen, die die moderne Welt charakterisieren. Darüber hinaus schuf er großartige Bilder, die sich durch ein superbes Farbgefühl und ein brillantes Gespür für den visuellen Rhythmus eines Gemäldes auszeichnen.

Capricorn Sloe Whiskey Fizz

1959
Zeichnung in Tinte, handkoloriert
60,3 x 45,7 cm

capricorn

Moe Whiskey Fizz

Juice of ½ lemon, 1 teaspoon sugar, 1 jigger whiskey. Shake with ice, strain into highball glass. Fill with soda and ice cubes.

Auf den ersten Blick wirken Warhols Bilder recht einfach. Auf Grund dieser Einfachheit sind sie jedoch nicht nur durch eine starke unmittelbare visuelle Wirkung charakterisiert, sondern besitzen auch die seltene Gabe, durch die mentalen Assoziationen, die sie hervorrufen, weit reichende Implikationen zu vermitteln. Das von Warhol vielfach eingesetzte Stilmittel der visuellen

Horoskop für die Cocktailstunde

1959
Tinte und Aquarell auf Papier
60,9 x 45,7 cm

Wiederholung z. B. sollte assoziativ auf die dem Verkauf von Waren und Dienstleistungen – u. a. Kommunikationsmedien wie Filmen und Fernsehprogrammen – dienende ständige Wiederholung von Bildern in der Alltagskultur verweisen. Darüber hinaus thematisierte Warhol durch die Praktizierung der gerade für eine Industriegesellschaft charakteristischen

Sterne, Herzen, Schmetterlinge,
Obst und Vögel

1959
Tinte und Aquarell auf Papier, 73,6 x 58,4 cm

Massenproduktion tief greifende kulturelle Praktiken und Deformationen und betonte gleichzeitig die vollständige Abkehr von jeglichem emotionalen Engagement, die er überall in seiner Umgebung sah, bis zur Absurdität. Warhol reihte sich aber nicht nur in die Bewegung der Pop Art ein, die mittels der Aufnahme von Bildern aus der populären Kultur die zeitgenössische Gesellschaft kritisierte.

Wo ist dein Bruch?

1960
Kaseinfarbe auf Leinwand, 177,2 x 137,2 cm
Privatsammlung

Er setzte ferner den von den Dadaisten begonnenen Angriff auf die Kunst und die bürgerlichen Werte fort, so dass er dem Publikum mit Hilfe der Manipulation von Bildern und der öffentlichen Person des Künstlers die Widersprüche und die Oberflächlichkeit der zeitgenössischen Kunst und Kultur ins Gesicht schleudern konnte. Letztlich sind sowohl die Treffsicherheit seiner Kulturkritik als auch die Lebhaftigkeit,

Dick Tracy
———
1960
Kaseinfarbe und Bleistift auf Leinwand, 121,9 x 83,9 cm
The Brant Foundation, Greenwich

die er ihr verlieh, dafür verantwortlich, dass seine Werke immer noch von dauerhafter Bedeutung sind, obwohl die abgebildeten Objekte – wie *Campbell's*-Suppendosen oder *Coca Cola*-Flaschen - längst technisch überholt oder die abgebildeten Superstars wie Marilyn Monroe, Elvis Presley und Mao Tse-Tung nur noch Geschichte sind.

Davor und Danach

1961
Kaseinfarbe und Bleistift auf Leinwand, 137,8 x 175,3 cm
The Metropolitan Museum of Art, New York

Andy Warhol wurde am 6. August 1928 als Andrew Warhola in Pittsburgh, Pennsylvania geboren. Seine Eltern waren aus einem kleinen Dorf in der heutigen Slowakischen Republik eingewandert. Warhol machte im Jahr 1945 seinen Abschluss an der Schenley High School und erhielt anschließend einen Platz am Carnegie Institute of Technology (heute die Carnegie-Mellon University) in Pittsburgh, wo er Bildgestaltung studierte. Dort profitierte er von einer ausgezeichneten und ausgewogenen Ausbildung.

Saturday's Popeye
───────────────
1961
Kaseinfarbe auf Leinwand, 108 x 99 cm
Ludwig Forum für Internationale Kunst, Aachen

Im Frühjahr 1948 erwarb Warhol sich als Teilzeitbeschäftigter in der Kunstabteilung des größten Kaufhauses in Pittsburgh wichtige Praxiserfahrungen in kommerziellem Design. Im Juni 1949 schloss Warhol sein Studium am Carnegie Institute of Technology mit dem Bachelor of Fine Arts ab. Im Juli ging er nach New York, wo er bald Tina Fredericks, die künstlerische Leiterin des Modemagazins *Glamour*, kennen lernte.

Campbell's Suppendose
(Türkische Nudeln)

1962
Serigraphie auf Leinwand, 51 x 40,6 cm
Sammlung Sonnabend

Sie kaufte eine seiner Zeichnungen und gab eine Serie von Schuh-Illustrationen in Auftrag. Warhol sollte sich schon bald auf das Zeichnen von Schuhen spezialisieren. Als diese Illustrationen im September 1949 in *Glamour* erschienen, fehlte beim Bildnachweis das End-a in Warhols Nachnamen (möglicherweise auf Grund eines Versehens). Warhol übernahm ab diesem Zeitpunkt diese Schreibweise.

Grüne Coca Cola Flaschen

1962
Serigraphie, Acryl und Bleistift auf Leinwand
209,5 x 144,7 cm
Whitney Museum of American Art, New York

Da Warhol in New York unbedingt reüssieren wollte, suchte er auf der Jagd nach Aufträgen die Büros von künstlerischen Leitern heim. Ein erfolgreicher Auftrag führte zum nächsten, so dass Warhols charaktervolle Illustrationen innerhalb einer recht kurzen Zeit sehr gefragt waren, sowohl innerhalb des Condé Nast-Konzerns (zu dem *Glamour* gehörte) als auch darüber hinaus. Warhol war, wie er 1963 erläuterte, all seinen Auftraggebern gegenüber sehr zuvorkommend:

Marilyn Monroes Lippen
―――――――――――――

1962
Serigraphie, synthetisches Polymere, Emaille und Bleistift auf Leinwand, zwei Arbeiten, 210,2 x 209,2 und 210,2 x 205,1 cm
Smithsonian Institute, Washington

Ich wurde dafür bezahlt und tat alles, was sie mir sagten. Wenn sie mir sagten, ich solle einen Schuh malen, tat ich es, und wenn sie mir sagten, ich solle ihn korrigieren, tat ich es – Ich tat alles, was sie mir sagten, korrigierte es und machte es wie gewünscht...nach all diesen „Korrekturen" hatten diese kommerziellen Zeichnungen Gefühle und einen Stil. Die Einstellung meiner Auftraggeber enthielt Gefühle oder etwas [Ähnliches]; sie wussten, was sie wollten, sie insistierten; manchmal wurden sie sehr emotional. Die Arbeitsweise in der kommerziellen Kunst war maschinenhaft, aber die Einstellung enthielt Gefühle.

Pfirsichhälften
―――――――
1962
Öl und Bleistift auf Leinwand
Staatsgalerie, Stuttgart

Im September 1951 erhöhte eine seiner Zeichnungen, die zur Ankündigung einer Radiosendung über das Verbrechen auf einer ganzen Seite in der *New York Times* abgedruckt wurde, seinen beruflichen Status noch einmal ganz erheblich. Zwei Jahre später sollte diese Zeichnung ihm seine erste Goldmedaille des Art Directors Club einbringen. Und im Juni 1952 hatte Warhol seine erste eigene Ausstellung in der Hugo Gallery an der East 55th Street.

Do It Yourself (Landschaft)

1962
Acryl und Bleistift auf Leinwand
177,2 x 137,5 cm
Museum Ludwig, Köln

Sie bestand aus 15 auf den Schriften von Truman Capote beruhenden Zeichnungen. Die Ausstellung seiner Capote-Bilder brachte Warhol ein oder zwei Kritiken ein, er konnte aber kein Bild verkaufen. Seine kommerzielle Karriere hatte zu diesem Zeitpunkt aber bereits erheblich an Fahrt gewonnen, so dass er im Frühjahr 1953 sogar die Dienste des Agenten Fritzie Miller, der bei hochklassigen Magazinen wie *Vogue* und *Harper's Bazaar* über vorzügliche Kontakte verfügte,

Tanz-Schema (Foxtrott)

1962
Kaseinfarbe und Bleistift auf Leinwand
177,8 x 137,2 cm
Sammlung Onnash

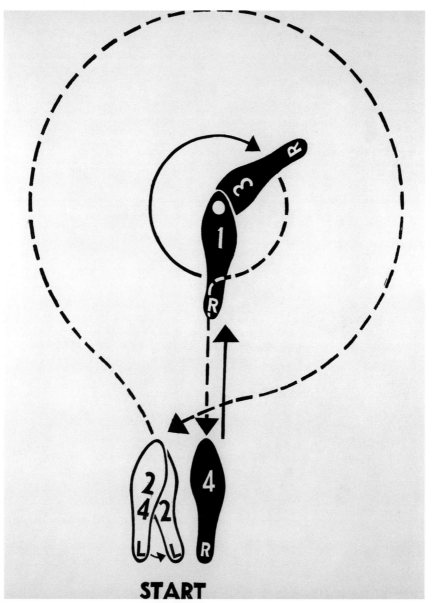

in Anspruch nehmen musste. In kurzer Zeit hatte Warhol es zum gefragtesten Modeillustrator in New York gebracht. Er arbeitete außerdem viel als Buchillustrator und produzierte privat herausgegebene Grafikbücher mit schrulligen Titeln wie *A Is an Alphabet (A ist ein Alphabet)* und *Love is a Pink Cake (Liebe ist ein rosa Kuchen)*, bei denen er mit einem seiner Liebhaber, Ralph Ward, zusammenarbeitete.

Ein-Dollar-Banknote
―――――――――――
1962
Serigraphie, Acryl und Bleistift auf Leinwand
242 x 189 cm
Museum für Gegenwart, Berlin

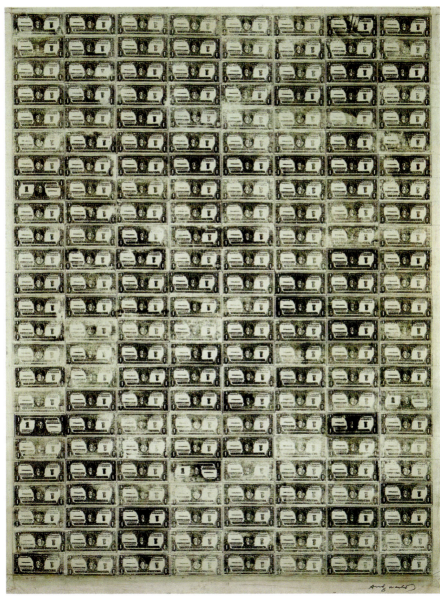

Warhol hatte seine latente Homosexualität noch während seiner Studentenzeit in Pittsburgh erstmals erkannt, war jedoch hinsichtlich seiner sexuellen Vorlieben in einer solchen recht engstirnigen und intoleranten provinziellen Umgebung aus verständlichen Gründen sehr diskret gewesen. Im toleranteren New York war er weniger ängstlich und gab seiner Neigung anfangs ohne jede Hemmung nach. Mit dem Abklingen des ersten Schocks über die neue Freiheit war er jedoch nicht mehr sonderlich ausschweifend, und er wurde es mit zunehmendem Alter immer weniger.

129 Tote nach einem Flugzeugabsturz

1962
Acryl auf Leinwand
254 x 183 cm
Museum Ludwig, Köln

Insgesamt spielte er seine sexuelle Person eher herunter und sublimierte seine Sexualität in einem sehr manipulativen Voyeurismus.

Im Jahr 1954 veranstaltete Warhol drei Ausstellungen in der Loft Gallery an der East 45th Street. In diesem Jahr veröffentlichte Warhol weitere Bücher wie *Twenty-five Cats Name [sic] Sam and One Blue Pussy*, die er (gemeinsam mit seinen Zeichnungen) vor allem durch das Serendipity, gleichzeitig Restaurant und Gemischtwarenladen, an der 58th Street vertrieb.

Close Cover Before Striking

1962
Acryl auf Leinwand, 183 x 137,2 cm
Louisiana Museum of Modern Art, Humlebaek

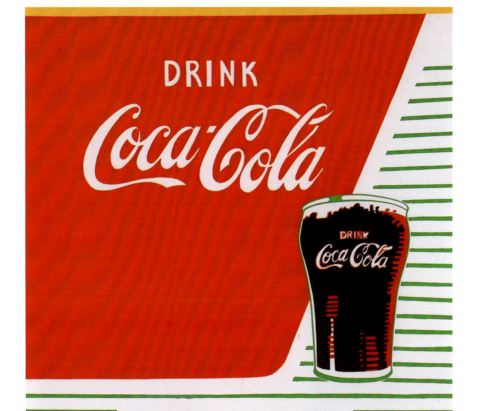

Die Bücher verkauften sich niemals sonderlich gut, aber sie waren, ähnlich wie eine Unzahl weiterer attraktiver Entwürfe und Karten, praktische Geschenke für künstlerische Leiter, wenn es um die Einwerbung von Aufträgen ging. Diese Methoden zahlten sich häufig aus, und 1954 war Warhol so beschäftigt, dass er einen Assistenten einstellte. Für eine kurze Zeit entwarf Warhol auch Bühnenbilder und Programmhefte für die Gruppe *Theater 12*. Er wirkte sogar in einigen Aufführungen mit, war jedoch nicht sonderlich gut.

Do It Yourself (Segelboote)

1962
Acryl und Bleistift auf Leinwand, 183 x 254 cm
Sammlung Daros, Schweiz

Ihm fehlte das Selbstvertrauen, um sich einem Publikum vorteilhaft zu präsentieren, obwohl er im Laufe der Zeit mit einiger Hilfe besser wurde. Er scheint sich jedoch ernsthaft für das Theater interessiert zu haben, und durch seine Beziehung zur Gruppe *Theatre 12* könnte er Brechts Theorien über die Entfremdung kennen gelernt haben, die eine gewisse Ähnlichkeit zu den Theorien und Praktiken seiner künstlerischen Reife aufweisen.

Elvis, 49 Mal

1962
Acryl und Serigraphie auf Leinwand
204,5 x 146,8 cm
Sammlung William J. Bell

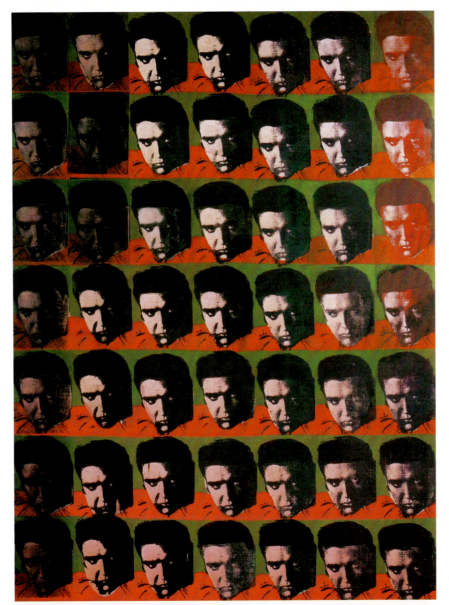

Im Jahr 1955 erzielte Warhol seinen größten Erfolg als Illustrator durch den Auftrag, eine Reihe von Entwürfen anzufertigen, die fast wöchentlich in der Sonntagsausgabe der *New York Times* als Reklame für das sehr modische Schuhgeschäft I. Miller erscheinen sollten. Warhols Schuhillustrationen erzielten eine große Wirkung und trugen zu seinem steigenden Einkommen bei, das im Folgejahr mehr als 100.000 Dollar betrug, für einen so jungen Künstler eine sehr hohe Summe.

Close Cover Before Striking
(Pepsi-Cola)

1962
Acryl und Bleistift auf Leinwand
182,9 x 137,2 cm
Museum Ludwig, Köln

Die starke Arbeitsbelastung ließ Warhol im Herbst 1955 seinen früheren Assistenten durch Nathan Gluck ersetzen, der bis 1964 für ihn arbeiten sollte. Gluck verfügte über gute Kontakte zum Einzelhandel und verschaffte Warhol den Auftrag, Schaufensterdekorationen für das Kaufhaus Bonwit Teller zu entwerfen. Hieraus resultierten Folgeaufträge für die Schaufenster von Tiffany's und I. Miller-Geschäfte. Warhol verkaufte viele der Originalentwürfe für die Schuhreklame für I. Miller über das Serendipity und schuf anschließend ein Buch voller schrulliger

100 Dosen

1962
Öl auf Leinwand, 182,8 x 132 cm
Buffalo Art Gallery, New York

49

Schuhbilder mit dem Titel *A la Recherche du Shoe Perdu (Die Suche nach dem verlorenen Schuh)*, nicht zuletzt, weil Schuhe für ihn auch sexuell attraktiv waren. Im Laufe der Zeit sollte er Hunderte Paare sammeln und er liebte es, beim Geschlechtsverkehr mit seinen Liebhabern ihre beschuhten Füße zu küssen. Warhol war auch sehr voyeuristisch veranlagt und schuf über die Jahre eine Reihe von Bildern von Geschlechtsteilen für ein geplantes Buch voller „Schwanz"-Bilder und darüber hinaus eine Bildermappe schöner junger Männer und ihrer Geschlechtsteile, die er unter dem Titel *Drawings for a Boy Book (Zeichnungen für ein Jungenbuch)* veröffentlichte.

Schlitz Cans

1962
Kaseinfarbe und Bleistift auf Baumwolle
175,2 x 137,1 cm
Sammlung Mugrabi

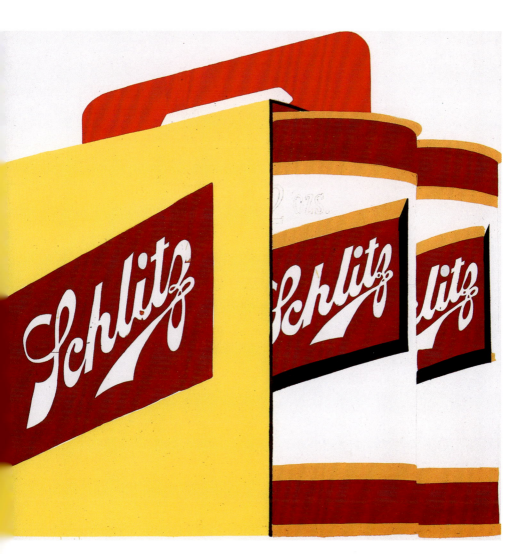

Im Februar 1956 veranstaltete Warhol eine Ausstellung der Entwürfe für das *Boy Book* wie auch der Bücher selbst in der Bodley Gallery an der East 60th Street. Er konnte nur wenige Zeichnungen verkaufen, aber im April des Jahres gelang es dem Eigentümer der Galerie, einige von Warhols jüngeren Arbeiten in der Ausstellung *Neue Zeichnungen USA* im Museum of Modern Art in New York unterzubringen. Im selben Jahr erhielt Warhol für seine I. Miller-Schuhreklame

Lakritz-Marilyn
———————

1962
Serigraphie auf Leinwand, 50,8 x 40,6 cm
The Brant Foundation, Greenwich

die 35. Jährliche Auszeichnung für Herausragende *Verdienste* des Art Directors Club. Warhols Erfolg hatte es ihm ermöglicht, ernsthaft mit der Sammlung von Kunst und Inkunabeln zu beginnen. Zu seinen ersten Erwerbungen zählten Arbeiten von Picasso, Braque, Klee und Magritte. Warhols Sammlung sollte im Lauf der Zeit große Ausmaße annehmen, auch weil er nie etwas wegwarf und dazu neigte, große Mengen auf einmal anzukaufen.

Vier Marilyns
―――――
1962
Serigraphie auf Leinwand, 73,6 x 60,9 cm
Sammlung Sonnabend

Warhol hatte im Dezember 1956 in der Bodley Gallery eine weitere Ausstellung, die den Titel *Crazy Golden Slipper or Shoes in America (Der verrückte goldene Pantoffel oder Schuhe in Amerika)* trug. Sie bestand aus einer Serie vergoldeter Schuhbilder, von denen jedes den Namen einer Berühmtheit wie Truman Capote, Mae West und Elvis Presley trug. Im Gegensatz zu ihrer Vorläuferin war diese Ausstellung ein Erfolg. Dies äußerte sich nicht nur in Verkäufen, sondern im Januar 1957 auch in einer Doppelseite in *Life*.

Marilyn-Dyptichon
———————————
1962
Acryl auf Leinwand, 205,4 x 144,8 cm
Tate Gallery, London

Warhol war von der Berichterstattung jedoch nicht sonderlich angetan, da er als „kommerzieller Künstler" bezeichnet wurde. Zunächst aber arbeitete er weiterhin hart an seiner Karriere als Designer und erzielte später im Jahr noch weitere Erfolge.

Gegen Ende 1957 hatte Warhol eine weitere Ausstellung mit vergoldeten Zeichnungen in der Bodley Gallery und veröffentlichte als Ergebnis dieser Ausstellung das *Gold Book (Goldbuch)* als Weihnachts-Werbegeschenk. Nur vier Wochen später, im Januar 1958, eröffnete eine Ausstellung in der Leo Castelli Gallery in New York,

Männerleben
―――――――
1962
Serigraphie und Bleistift auf Leinwand, 214,6 x 211,5 cm
Privatsammlung, Japan

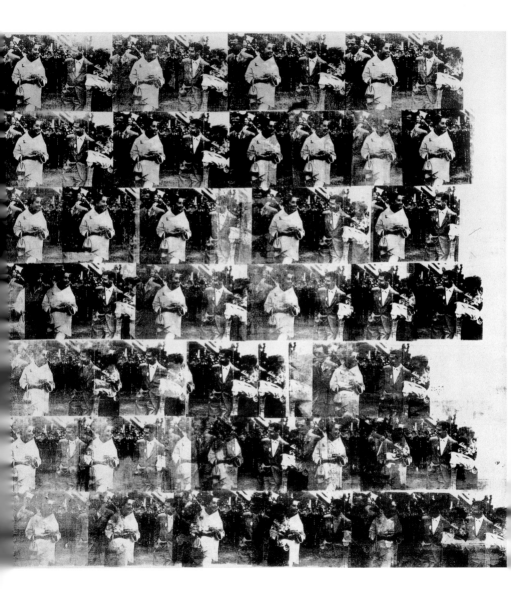

die Warhols gesamtes Leben verändern sollte. Es handelte sich um die erste große Ausstellung von Jasper Johns' Gemälden der amerikanischen Fahne und von Zielscheiben und Zahlen. Die Herausforderung, die derartige Bilder für die vorherrschenden ästhetischen Trends der damaligen Zeit bedeuteten, wurde nur zwei Monate später durch eine Ausstellung von Werken von Robert Rauschenberg verstärkt. Diese beiden Künstler führten gemeinsam einen radikalen Richtungswechsel in der amerikanischen Kunst herbei.

Unfall des grünen Autos

1962
Serigraphie und Bleistift auf Leinwand, 213,4 x 208,3 cm
Privatsammlung

Die Ausstellungen der Werke von Johns und Rauschenberg des Jahres 1958 nährten in Warhol die Sehnsucht, mit der „kommerziellen Kunst" zu brechen und sich den schönen Künsten zuzuwenden, obwohl seine finanziellen Verpflichtungen mittlerweile so groß waren, dass er zwei Jahre für diesen Bruch benötigte. Im Jahr 1959 verlor Warhol den I. Miller-Schuhauftrag, weil sich die Firma entschlossen hatte, in ihrer

Blumen
———
1962
Serigraphie auf Leinwand, 62,2 x 62,2 cm
Sammlung Sonnabend

Werbung künftig Fotografien anstelle von Grafiken einzusetzen. Warhol hatte aber immer noch viele Aufträge aus der Werbung. In diesem Herbst veröffentlichte er ein Spaß-Kochbuch mit dem Titel *Wild Raspberries (Wilde Himbeeren)*. Im Dezember stellte er die Entwürfe für dieses Buch in der Bodley Gallery aus, obwohl es kaum noch einen Markt für derartige Produkte gab. Der Geschmack New Yorks entfernte sich von Warhols todgeweihter Bildersprache.

Freiheitsstatue

1963
Acryl und Serigraphie auf Leinwand
Sammlung Daros, Schweiz

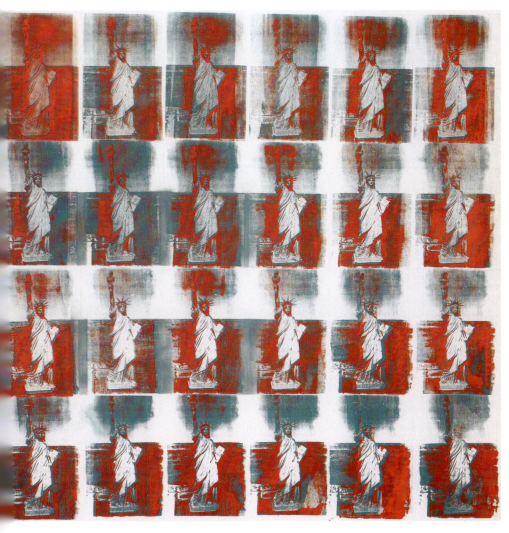

Warhol fühlte sich angesichts dieser Entwicklung sowie der wachsenden Anerkennung für Künstler wie Johns und Rauschenberg auf dem Weg in eine kreative Sackgasse. Die Aussicht des Scheiterns trieb Warhol zu Taten. Von Ende 1959 an arbeitete er während seiner freien Zeit in der Hoffnung, dass sich etwas von Wert ergeben werde, hart an seinen Leinwänden.

Silber Liz
———
1963
Acryl und Serigraphie auf Leinwand
101,6 x 101,6 cm
The Brant Foundation, Greenwich

Er begann damit, Objekte des Alltagslebens wie *Coca Cola*-Flaschen, Kühlschränke und Fernsehgeräte zu malen und verwendete auch Bildelemente aus billiger Werbung und Comics. Hierbei ließ er sich von Johns' Verwendung von Zeitungspapier in einigen seiner Flaggenbilder inspirieren.

5 Tote in Gelb
(Gelbes Desaster)
———
1963
Serigraphie auf Leinwand, 76,5 x 76,5 cm
Sammlung Sonnabend

Warhol ließ sich seinen künstlerischen Ehrgeiz viel kosten, denn mittlerweile vernachlässigte er seine kommerzielle Kunst. Wie er später seinem Bruder berichtete, sank sein Einkommen im Jahr 1960 auf bloße 60.000 Dollar, eine immer noch recht hohe Summe, die indes von seiner großzügigen Lebensweise rasch verschlungen wurde. Insgesamt war Geld aber nicht Warhols größtes Problem. Er wollte Ruhm, und um diesen zu erlangen, benötigte er eine Bildsprache, die die Welt zwingen würde, ihn als Künstler ernst zu nehmen.

Doppelter Elvis

1963
Serigraphie, Tinte und Silber auf Leinwand
210,2 x 222,3 cm
Museum für Gegenwart, Berlin

Ende 1961 war er diesem Ziel noch kein Stück nähergerückt als zu Beginn seiner Tätigkeit als Praktiker der schönen Künste, und er wurde deshalb immer deprimierter. In der Kunstszene New Yorks machte eine neue Generation von Malern und Bildhauern durch ihre Verwendung von Bestandteilen der Massenkultur von sich reden, und Warhol lief Gefahr zurückzubleiben. Das Problem löste sich schließlich an einem Dezemberabend des Jahres 1961. Warhol unterhielt sich mit einer Bekannten,

Gangster Beerdigung
―――――――――

1963
Serigraphie und Acryl auf Leinwand, 266,7 x 187,3 cm
The Andy Warhol Museum, Pittsburgh

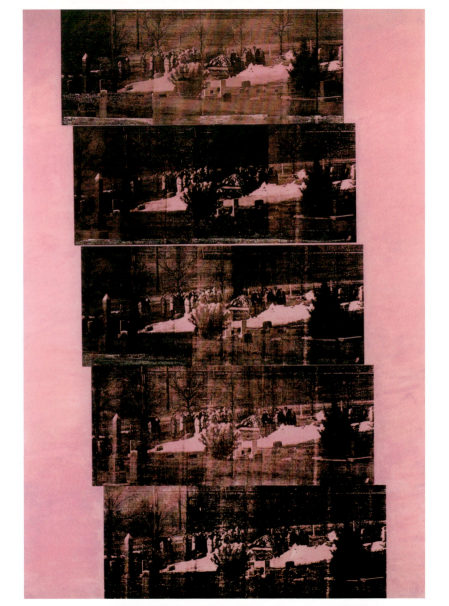

...Seized shipment: Di

pment: Did a leak kill .

der Innenarchitektin und Galeriebesitzerin Muriel Latow, die ihm genau das verschaffte, was er benötigte, allerdings für einen gewissen Preis:

...Andy sagte: „Ich muss etwas tun...Die Comics-Zeichnungen...es ist zu spät. Ich muss etwas tun, das wirklich große Wirkung hat, etwas, das sich genug von Lichtenstein und Rosenquist unterscheidet, das sehr persönlich ist, das nicht so aussieht, als tue ich das Gleiche wie sie...Ich weiß nicht, was ich tun soll. Also, Muriel, du hast fabelhafte Ideen. Kannst du mir nicht einen Tipp geben?" Und Muriel sagte: „Ja, aber das wird

Tunfisch-Desaster
___
1963
Serigraphie und Acryl auf Leinwand
316 x 211 cm
Sammlung Daros, Schweiz

Seized shipment: Did a leak kill... Seized shipment: Did a leak kill... Seized shipment: Did a leak kill...

Seized shipment: Did a leak kill. Seized shipment: Did a leak kill.. Seized shipment: Did a leak kill...

Seized shipment: Did a leak kill.. Seized shipment: Did a leak kill.. Seized shipment: Did a leak kill..

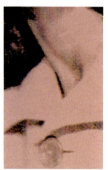

dich Geld kosten." Also sagte Andy: „Wie viel?" Sie sagte: „Fünfzig Dollar…nimm dein Scheckheft und stelle mir einen Scheck über 50 Dollar aus." Und Andy lief los und holte sein Scheckheft, so als ob er, du weißt schon, völlig verrückt wäre und stellte den Scheck aus. Er sagte: „Also gut, gib mir einen fabelhaften Tipp." Und Muriel sagte: „Was liebst du mehr als alles andere auf der Welt?" Andy sagte: „Ich weiß nicht. Was?" Und sie sagte: „Geld. Die Sache, die dir mehr als alles andere bedeutet und die du mehr als alles andere liebst, ist Geld. Du solltest Bilder von Geld malen."

Ethel Scull Triptychon

1963
Serigraphie und Acryl auf Leinwand
50,8 x 40,6 cm
Sammlung Mugrabi

Und Andy sagte: „Oh, das ist wundervoll." „Also entweder das", sagte sie, „oder du musst etwas finden, das fast jeder Mensch erkennen kann. Etwas, das man jeden Tag sieht und das jeder wieder erkennt. Etwas wie eine Dose Campbell's-Suppe." Also sagte Andy: „Oh, das klingt fabelhaft." Und am nächsten Tag ging Andy in den Supermarkt (denn wir gingen alle dorthin) und wir kamen herein und er hatte eine Kiste...all der Suppen. Auf diese Weise [erhielt er] also die Idee für die Geld- und Suppen-Bilder.

Dreißig sind besser als Eine

1963
Serigraphie, Acryl und Silber auf Leinwand
279,4 x 240 cm
The Brant Foundation, Greenwich

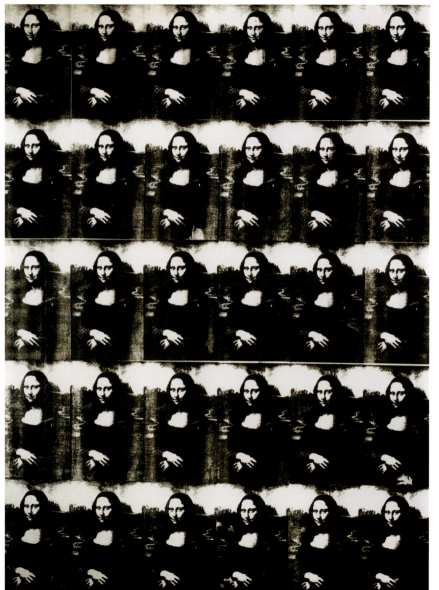

Warhol machte sich sofort daran, Bilder von Geld und von *Campbell*'s-Dosen zu malen. Wie Latow sehr gut wusste, lagen Warhol die letztgenannten Objekte sehr am Herzen, denn sein Mittagessen hatte über 20 Jahre lang aus Suppe und Kräckern bestanden.

Während des gesamten Winters und des Frühjahrs 1962 arbeitete Warhol an Bildern von Dollarnoten in unterschiedlichen Kombinationen, von denen jede eine der 32 unterschiedlichen Sorten *Campbell*'s-Suppe, jeweils vor einem leeren Hintergrund, zeigte. Hier entwickelte

Oranges Desaster Nr. 5
───────────────
1963
Serigraphie, Acryl und Emaille auf Leinwand
The Solomon R. Guggenheim Museum, New York

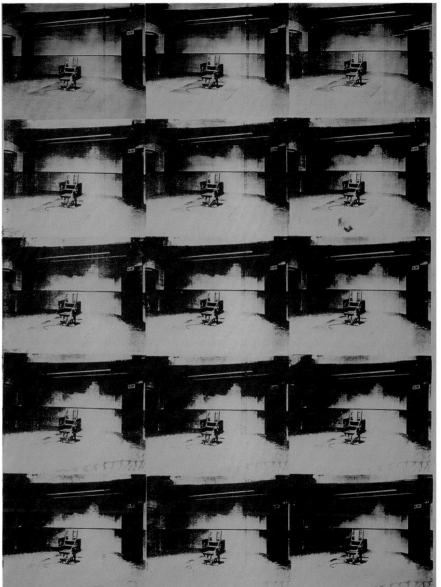

Warhols konzeptionelles und visuelles Genie Muriel Latows ursprüngliche Idee entscheidend weiter, da das nackte Arrangement der Bilder zu einer rigiden Entemotionalisierung führte, während die maschinenartige Erscheinung der Bilder eine exakte Analogie zu dem industriellen Produktionsprozess darstellte, der die abgebildeten Objekte hervorgebracht hatte. Warhol artikulierte einen Kommentar zu der blutleeren Bildsprache des Maschinenzeitalters,

Ethel Scull
───────
1963
Serigraphie auf Leinwand, 210,8 x 179,1 cm
Sammlung Mugrabi

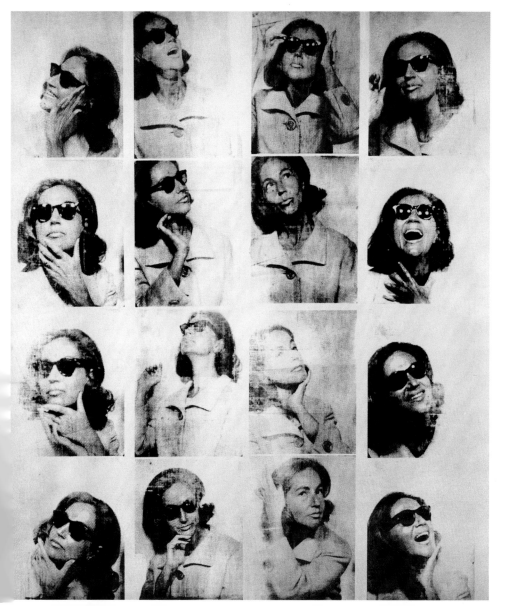

indem er in seinen eigenen Bildern direkt ihre Entfremdung von Emotionen aufnahm. Für Warhol spiegelte eine solche malerische Mechanisierung wahrscheinlich auch eine soziale Mechanisierung wider, wie er Gene Swenson 1963 erklärte:

Jemand hat einmal gesagt, Brecht wollte, dass alle Menschen gleich denken. Ich möchte, dass alle Menschen gleich denken...Alle Menschen sehen gleich aus und handeln gleich, und wir werden immer mehr so.

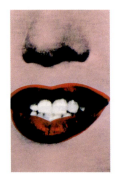

Blaues Photo von Marylin

1964
Serigraphie und synthetische Farbe auf Leinwand
101,6 x 101,6 cm
The Brant Foundation, Greenwich

Ich glaube, jeder sollte eine Maschine sein...weil man immer wieder die gleiche Sache tut. Man tut es wieder und wieder...Die Geschichtsbücher werden permanent neu geschrieben. Es kommt nicht darauf an, was man tut. Jeder denkt immer nur das Gleiche und es wird jedes Jahr ähnlicher. Diejenigen, die am meisten über die Individualität reden, sind diejenigen, die sich am schärfsten gegen Abweichungen aussprechen und in einigen Jahren könnte es genau umgekehrt sein. Eines Tages werden alle Menschen einfach denken,

12 Elektrische Stühle
―――――――――――――

1964-1965
Serigraphie und Acryl auf Leinwand
12 Tafeln, 55,8 x 71,1 cm
The Brant Foundation, Greenwich

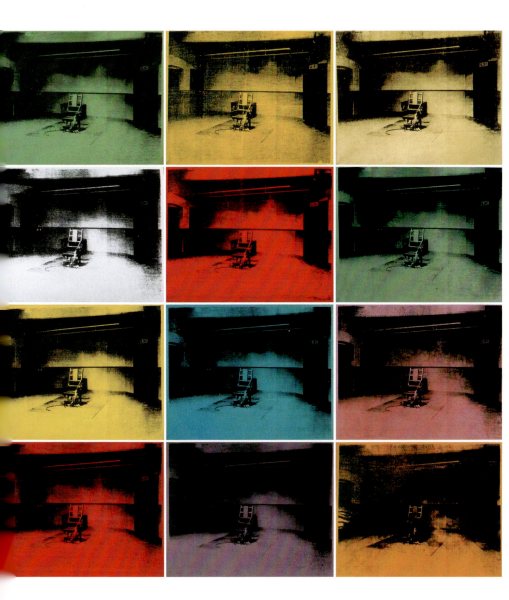

was sie denken möchten, und dann werden alle Menschen wahrscheinlich gleich denken; dies scheint gerade zu passieren.

Aber Warhols Bemerkungen gingen weiter und thematisierten die Eintönigkeit und den Konformismus, die einen Großteil des modernen Lebens insgesamt prägen – ebenso wie das Stilmittel der Wiederholung und die visuellen Muster seiner Bilder Aussagen über die Bildwelt der Massenkultur und die Wirklichkeit hinter ihr artikulierten.

Blumen

1964
Serigraphie auf Leinwand
16 Tafeln, 20,3 x 20,3 cm
Sammlung Sonnabend

Warhol arbeitete während des gesamten Spätfrühjahrs und Frühsommers des Jahres 1962 an seinen Leinwänden und schuf großformatige Bilder einzelner Suppendosen, Bringe-dir-selbst-das-Tanzen-bei-Diagramme und Malen-nach-Zahlen-Bilder. Er weitete ferner sein Motivrepertoire aus, indem er Reihen von *Coca Cola*-Flaschen, *S & H*-Rabattmarken, Luftpostmarken und -aufkleber und „Glass - Handle with Care"-Etiketten malte. Gleichzeitig bewegte er sich auch in eine neue Richtung. Am 4. Juni 1962 aß Warhol im Serendipity mit Henry Geldzahler, der ihm sagte:

16 Jackies
―――

1964
Serigraphie, Acryl auf Leinwand
16 Tafeln, 50,8 x 40,6 cm
The Brant Foundation, Greenwich

Dies ist genug der Bejahung des Lebens...Es ist genug Bejahung von Suppe und Cola-Flaschen. Vielleicht ist nicht alles in Amerika so fabelhaft. Es ist Zeit für ein wenig Tod. Das ist, was wirklich passiert.

Geldzahler gab Warhol dann eine Ausgabe der *Daily News* des Tages, die die Schlagzeile „129 DIE IN JET !" trug. Einmal mehr erfasste Warhol unmittelbar die enthaltenen kulturellen Implikationen und schuf das unten reproduzierte Gemälde genau dieser Titelseite. Es war das erste seiner zahlreichen Katastrophen-Bilder.

Selbstportrait
―――――――――
1964
Serigraphie, Acryl auf Leinwand
50,8 x 40,6 cm
Privatsammlung

Das Gemälde *129 Die in Jet! !* (*129 Tote nach einem Flugzeugabsturz*) wirkt allerdings ebenso wie die anderen Abbildungen von Zeitungsseiten, die Warhol um diese Zeit anfertigte, und viele der weiteren, zur gleichen Zeit entstandenen Bilder alltäglicher Gegenstände unvermeidlich subjektiv, weil es mit der Hand gemalt wurde und daher nicht so mechanisch aussieht wie sein Vorbild. In einem Versuch, dieses Problem zu lösen und gleichzeitig den Prozess der Reproduktion von visuell komplexen Objekten wie Dollarnoten, *Cola*-Flaschen, Luftpostaufklebern etc. zu beschleunigen,

Selbstportrait
―――――――
1964
Serigraphie, Acryl auf Leinwand
50,8 x 40,6 cm
Privatsammlung

entstanden viele dieser Bilder ursprünglich mit Hilfe von handgeschnittenen Schablonen, Gummistempeln und Holzblöcken, allesamt Hilfsmittel, die Warhol in seiner früheren Existenz als Illustrator eingesetzt hatte. Aber Warhol schloss im Juli 1962 endgültig die Kluft zwischen manueller und maschineller Arbeitsweise, als Nathan Gluck ihm vorschlug, er solle die Siebdruck-Technik einsetzen, wenn er wirklich die Arbeit bei der Herstellung sich wiederholender Bilder entscheidend reduzieren wolle.

Selbstportrait
───────────
1964
Serigraphie, Acryl auf Leinwand
183 x 183 cm
Sammlung Froehlich, Stuttgart

Bei dieser fotomechanischen Schablonendrucktechnik wird eine Fotografie auf einen Schirm aus auf einen Rahmen gespanntem, chemisch behandeltem Tuch übertragen, und das feine Tuchnetz (das Sieb) lässt nur dort Druckfarbe auf eine Leinwand oder einen anderen Untergrund durchdringen, wo er nicht von einer Gummimembran geschützt wird. Der Gebrauch der Siebdrucktechnik ermöglichte es Warhol, mechanische Wiederholungen unmittelbar in seine Arbeit zu integrieren, während er bis dahin jedes Bild langsam von Hand hatte malen oder mit Hilfe von handgeschnittenen Schablonen,

Most Wanted-Mann Nr. 11,
John Joseph H.

1964
Serigraphie auf zwei Leinwänden
jede 122 x 101,5 cm
Sammlung Saatchi, London

Stempeln und Blöcken auftragen müssen. Diese neue Technik versetzte ihn in die Lage, vollständig die „Quantität und Wiederholung", die er als den wesentlichen Inhalt seiner Kunst ansah, zu thematisieren und gleichzeitig den angestrebten „Fließbandeffekt" zu erzielen. Eine solche Arbeitsweise verlieh den Bildern zwangsläufig ein mechanisches Aussehen, obwohl Warhol sorgfältig darauf achtete, dass diese Mechanisierung nicht zu steril wurde, indem er

Campbell's Tomatensaft-Dose

1964
Öl auf Holz
25,4 x 48,2 x 24,1 cm
Paul Warhol Sammlung

auf Farbunterschiede und Drucküberschneidungen achtete. Der ungleichmäßige Druck erinnert an die Unregelmäßigkeiten, die im Druckfahnenstatus des mechanischen Druckverfahrens häufig auftreten, während die Überschneidungen die willkürlichen Überlappungen der Probedrucke im kommerziellen Druck nachahmen. Warhol hatte diese Erscheinungen während seiner Zeit als kommerzieller Künstler unzählige Male gesehen und sah diese Probedrucke als Motiv-Alternativen zu den Comics seines Zeitgenossen Roy Lichtenstein mit ihrer Nachahmung der Druckpunkte-Technik.

Cagney
———
1962
Serigraphie auf Papier, 76,2 x 101,6 cm
Sammlung Mugrabi

Außerdem verleihen die Überlappungen und extremen tonalen Dichtespektren der Druckfarbe den Bildern eine große visuelle Variabilität, Unmittelbarkeit und Dynamik. Mit Hilfe des Foto-Siebdrucks konnte Warhol nun ein wesentlich größeres Motivrepertoire bewältigen, u. a. die Abbildung von Menschen, deren Wiedergabe per Hand weitaus schwieriger gewesen wäre und den Bildern mittels der „Handschrift" des Künstlers überdies unvermeidlich eine nicht intendierte Persönlichkeit verliehen hätte. Mittels des Foto-Siebdrucks kam Warhol, die „Maschine",

Jackie

---

etwa 1964
Synthetische Farbe und Serigraphie auf Leinwand
50,8 x 40,6 cm
Sammlung Mugrabi

der Verwirklichung seiner Ideen einen Schritt näher. Diese Technik barg ferner den Vorteil, dass Warhol einerseits, wenn es erforderlich war, die Hilfe anderer bei der Produktion der Bilder heranziehen und andererseits relativ leicht mit großen Formaten arbeiten konnte.

Der Juli 1962 war für Warhol aus einem weiteren Grund ein wichtiger Monat, da er nun seine erste eigene Ausstellung mit den schönen Künsten zuzurechnenden Arbeiten hatte. Diese fand in Los Angeles statt, in der Ferus Gallery, und zeigte die 32 *Campbell*'s-Dosen als Ensemble.

Neun Jackies
———
1964
Serigraphie auf Leinwand, 152,4 x 122,3 cm
Sammlung Sonnabend

Die Kritik nahm von der Ausstellung nur wenig Notiz, sie war aber hinsichtlich der Verkäufe einigermaßen erfolgreich.

Warhol reiste für die Ausstellung nicht eigens nach Los Angeles, aber genau an ihrem letzten Tag, dem 4. August 1962, beging Marilyn Monroe Selbstmord. Warhol nahm sofort die Arbeit an einer Serie von Siebdrucken von ihr auf. Dies sollten seine berühmtesten Bilder werden. In seinen *Marilyns* verstärkte Warhol noch die schreienden Farben ihres Lippenstifts, des Lidschattens und ihrer peroxidblonden Haare,

Rassenunruhen

1964
Acryl und Serigraphie auf Leinwand, 84 x 84 cm
Sammlung Angelo Baldassari, Bari

ganz offensichtlich als Kommentar zu Glamour und Starruhm. Ferner spielt in vielen dieser Werke das Merkmal der Wiederholung eine zentrale Rolle, um die visuellen Wiederholungen, mit denen Marilyn Monroe der Welt präsentiert worden war, zu reflektieren. Nachdem er die *Marilyn*-Serie vollendet hatte, fertigte Warhol mit Hilfe der Siebdrucktechnik weitere Sätze von Suppendosen, *Cola*-Flaschen, Kaffeedosen und Dollarnoten. Gleichzeitig nahm er die Arbeit an Bildersätzen von Stars wie Liz Taylor, Marlon Brando und Elvis Presley auf.

Blumen

1964
Serigraphie auf zwei Leinwänden
jede 12,7 x 12,7 cm
Sammlung Sonnabend

Diese harte Arbeit zahlte sich schon bald aus, denn im Sommer 1962 erhielt Warhol schließlich die Zusage einer Ausstellung in New York, die im November in Eleanor Wards Stable Gallery an der West 58th Street stattfinden sollte. Warhol zeigte folgende Arbeiten: ein großformatiges Bild einer *Campbell's*-Dose; ein Bild, auf dem insgesamt 200 *Campbell's*-Dosen in zehn Reihen zu je 20 Dosen zu sehen waren; ein *Do-it-yourself*–Bild und eines der Tanzdiagramme, das unter Glas auf dem Boden lag und einen Hinweis trug, der die Besucher aufforderte, den Tanzschritten auf dem Bild zu folgen.

Die Atombombe

1965
Acryl und Serigraphie auf Leinwand
264,2 x 204,5 cm
Sammlung Daros, Schweiz

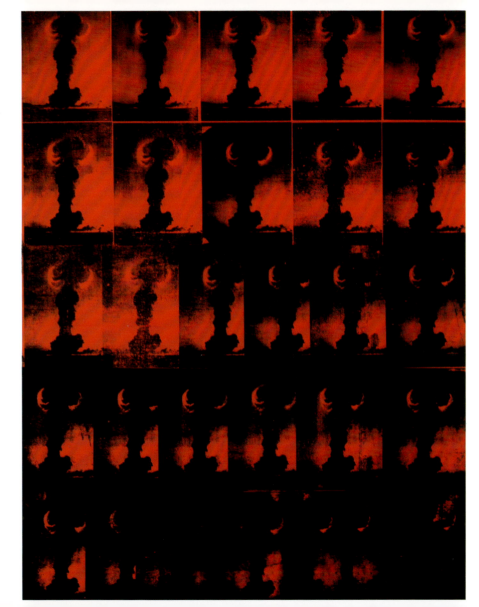

Die Ausstellung war eine Sensation und bestimmte, welche neue Richtung die Kunst einschlagen würde. Warhol sollte während seines Lebens niemals mehr aus dem Blick der Öffentlichkeit geraten.

Im Februar 1963 zeigte das Metropolitan Museum of Art in New York einen Monat lang Leonardo da Vincis *Mona Lisa*, woraufhin Warhol einige Bilder schuf, die dieses Gemälde verarbeiten und von denen eines weiter hinten abgebildet ist. Diese Bilder unterminieren nicht

Vier farbige Campbell's Suppendosen

1965

nur den kulturellen Status von da Vincis Meisterwerk, sondern unterstreichen auch seine massenweise Verbreitung durch die Medien. Im Mai 1963, als die Rassenkonflikte im amerikanischen Süden auf Grund des Kampfes der Farbigen um Gleichberechtigung ihren Höhepunkt erreichten, entwickelte Warhol eine Reihe von Bildern, die in Birmingham, Alabama, Farbige anfallende Polizeihunde zeigen. Anschließend befasste er sich mit den miteinander

Doppeltes Selbstportrait

1966-1967
Serigraphie auf zwei Leinwänden
jede 55,9 x 55,9 cm
The Brant Foundation, Greenwich

in Verbindung stehenden Implikationen von Todesfällen und Katastrophen. Das Ergebnis war eine lange Serie von Bildern von Autounfällen, Begräbnissen von Verbrechern, elektrischen Stühlen, auf Lebensmittelvergiftungen zurückzuführenden Todesfällen, Atomexplosionen, Selbstmorden, und, nach dem Dezember 1963, Jackie Kennedy bei der Beisetzung ihres Gatten weniger als einen Monat zuvor. Warhol erklärte:

Marilyn
―――
1967
Portfolio mit neun Serigraphien
jede 91,5 x 91,5 cm
Privatsammlung

Ich erkannte, dass alles, was ich gemacht hatte, der Tod gewesen sein musste. Es war Weihnachten oder Labor Day – ein Feiertag – und jedes Mal, wenn man das Radio anschaltete, sagten sie etwas wie „vier Millionen werden sterben". Das war der Anfang. Aber wenn man ein grauenhaftes Bild wieder und wieder sieht, hat es tatsächlich keine Wirkung. Meine Todesserie bestand aus zwei Teilen: die erste über berühmte Todesfälle und die zweite über Leute, von denen noch niemand etwas gehört hatte und bei denen

Brillo Dosen
———
1969
Serigraphie auf Sperrholz, 50,8 x 50,8 x 43,2 cm
Norton Simon Museum, Pasadena

ich der Meinung war, die Leute sollten ein wenig über sie nachdenken: das Mädchen, das vom Empire State Building sprang oder die Frauen, die den vergifteten Thunfisch aßen und Leute, die bei Autounfällen gestorben waren. Es ist nicht so, dass sie mir Leid tun, es ist einfach nur, dass die Leute vorübergehen und es sie nicht interessiert, dass irgendein Unbekannter getötet wurde und so dachte ich mir, es wäre schön, wenn man sich an diese unbekannten Menschen erinnern würde.

Philip Johnson
―――――――――
1972
Synthetische Farbe und Serigraphie auf Leinwand, vier Teile,
81,2 x 81,2 cm
Sammlung Mugrabi

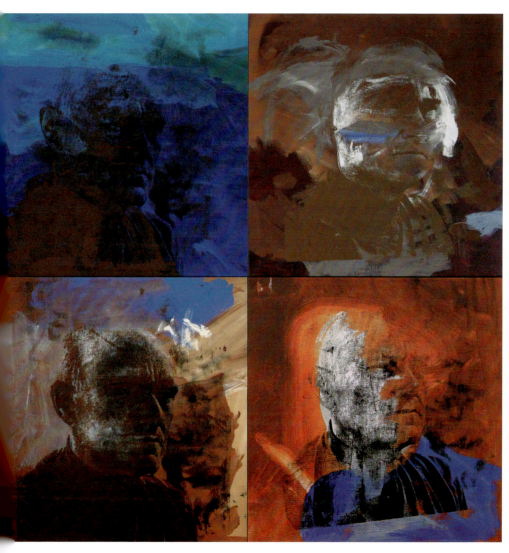

Warhols Bilder über Todesfälle und Katastrophen thematisieren jedoch nicht nur unsere Gleichgültigkeit angesichts des Todes uns unbekannter Menschen. Ihr Merkmal der Wiederholung spricht auch die Art und Weise an, in der wir tragische und grauenhafte Bilder über die Massenmedien wahrnehmen, während die Tatsache, dass die meisten von uns von derartigen Bildern fasziniert sind, uns mit unserer Morbidität und unserem lüsternen Interesse an unnatürlichen Todesfällen und Katastrophen konfrontiert.

Marella Agnelli

1972
Synthetische Farbe und Serigraphie auf Leinwand
zwei Teile, 101,6 x 101,6 cm
The Andy Warhol Museum, Pittsburgh

Der Gebrauch von Farbe trägt entscheidend zur Assoziationsfülle derartiger Bilder bei, wie auch die Tatsache, dass Warhol viele dieser Arbeiten um ein Begleitbild ergänzte, auf dem die Leinwand dieselbe Hintergrundfarbe trug, ansonsten aber leer blieb. Angeblich tat er dies, um den Käufern doppelt so viel Kunst für den gleichen Preis zu bieten, aber man kann hinter diesem scheinbaren Zynismus auch ein anderes, dunkleres, zum Nachdenken anregendes und absolut ernstes

Mao

———

1973
Acryl und Serigraphie auf Leinwand
127 x 106,6 cm
Privatsammlung

Motiv entdecken: die Leere steht für die kosmische Bedeutungslosigkeit der Unfälle oder der vom Menschen zu verantwortenden Tragödien, die im Hauptbild festgehalten sind.

Warhols nächstes künstlerisches Motiv waren Verpackungskartons, die etwa beim Transport von Gütern von Fabriken in Supermarktlager Verwendung finden. Als Warhol sie im April 1964 in der Stable Gallery ausstellte, füllten die Objekte den Raum buchstäblich vom Boden bis zur Decke, so dass die Galerie das Aussehen eines Supermarktlagers annahm.

Wählt McGovern

1973
106,7 x 106,7 cm
Gemini GEL, Los Angeles

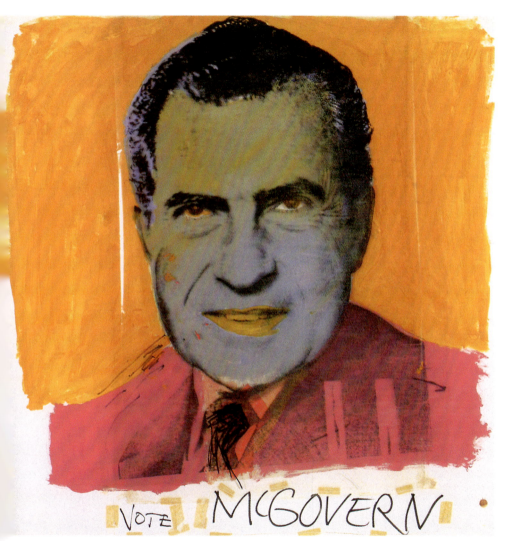

Die Verpackungskarton-Skulpturen verstärkten Warhols bisherige Aussagen über die Alltagskultur und die Massenproduktion, die Bildsprache der Verpackung und die Mechanisierung von Bildern und führten auch die Angriffe auf die Werte der schönen Künste fort. Darüber hinaus offenbarten sie im Kontext einer Kunstgalerie – d. h. einer Art Kunstlager – die Kommerzialisierung der Kunst selbst.

Mao
―
1973
Synthetische Farbe und Serigraphie auf Leinwand
127 x 106,7 cm
Gagosian Gallery, New York

Zu der Zeit, als die Ausstellung der Karton-Skulpturen eröffnete und zu kontroversen Reaktionen führte, hatte Warhol durch ein Wandgemälde für den Pavillon des Staates New York auf der Weltausstellung, das aus einer Serie stark vergrößerter erkennungsdienstlicher Fotografien von Kriminellen bestand, ohnehin schon Diskussionen heraufbeschworen. Dieses Werk wurde als verunglimpfend empfunden und man bat Warhol deshalb, es zu entfernen. Der zog jedoch vor, es einfach zu übermalen.

Mao

―――

1973
Acryl und Serigraphie auf Leinwand
448,3 x 346,7 cm
The Metropolitan Museum of Art, New York

Warhols großes Verlangen, Erwartungen zu enttäuschen, kam auch in seiner nächsten Ausstellung in New York im November in der Leo Castelli Gallery zum Ausdruck. Einmal mehr war Warhol Henry Geldzahlers Rat hinsichtlich der Motivwahl gefolgt, denn nachdem der Kunstkurator ihn 1962 motiviert hatte, sich mit Tod und Katastrophen zu befassen, war er nun der Meinung, Warhol habe genug dunkle Bilder geschaffen und solle nun stattdessen Blumen malen.

Brooke Hayward
―――――――――
1973
Acryl und Serigraphie auf Leinwand
vier Teile, jedes 102 x 102 cm
Tate Gallery, London

Natürlich waren derartige Motive keinerlei Provokation, und vielleicht reagierte Warhol so eifrig auf Geldzahlers Vorschlag, weil die Öffentlichkeit finanziell großzügiger auf Bilder von Blumen als auf Bilder von Tod und Katastrophen oder die Reproduktion von Supermarktobjekten reagieren würde. Alle Bilder aus der resultierenden Ausstellung fanden denn auch einen Käufer, was Warhol sehr erfreut haben dürfte, da er nie wieder sein Einkommen aus seiner Zeit als Designer in den 50er Jahren erreicht hatte.

Man Ray

1974
Acryl und Serigraphie auf Leinwand
101 x 101 cm
Privatsammlung

Auf Grund seiner regen Filmtätigkeit schuf Warhol im Jahr 1965 nur wenige Bilder, obwohl er einen neuen Satz von Bildern von *Campbell's*-Dosen anfertigte, bei dem er stark von den realen Farben der Dosen abwich. Ende 1965 war Warhol wieder um Ideen verlegen. Eines Tages unterhielt er sich mit Ivan Karp:

Warhol sagte, dass er die Bilder so schnell verbrauchte, dass er seine Vorstellungskraft erschöpft fühlte…er sagte…„Mir gehen die Dinge

Gilbert and Georges
―――――――――
1975
Synthetische Farbe und Serigraphie auf Leinwand
zwei Tafeln, 101,6 x 101,6 cm
Anthony Offay Gallery, London

aus…Ivan, sag mir, was ich malen soll!" Und er stellte diese Bitte an alle. Er fragte Henry [Geldzahler]. Er fragte andere Leute, die er kannte. Er fragte "Was soll ich malen? Welches Motiv?" Mir fiel nichts ein. Ich sagte "Die einzige Sache, mit der sich heute niemand beschäftigt, ist das Pastorale…Mein Lieblingsmotiv sind Kühe." Er sagte: "Kühe…Natürlich! Kühe! Neue Kühe! Frische Kühe!"

Ladies and Gentlemen

1975
Synthetische Farbe und Serigraphie auf Leinwand
101,6 x 127 cm
Sammlung Mugrabi

Auf Anforderung Warhols fand ein Assistent in einer alten landwirtschaftlichen Zeitschrift ein passendes träges Bild. Anschließend wurde dies in eine Tapete umgearbeitet und bedeckte im April 1966 die Wände in Warhols nächster Ausstellung. Diese *Kuhtapete* beendet mit ihrem besonders dämlichen Aussehen die pastorale Tradition in der westlichen Kunst. Sie verkörpert gleichzeitig, welch negative Einstellung Warhol 1966 zur Malerei einnahm, denn zu dieser Zeit war er von der Schaffung fest umrissener Bilder desillusioniert.

Ladies and Gentlemen

1975
Synthetische Farbe und Serigraphie auf Leinwand
127 x 101,6 cm
Sammlung Mugrabi

Die Installation artikulierte ohne Zweifel seine Ansicht, dass die einzig verbleibende Funktion für an die Wand zu hängende Kunstwerke darin bestand, als dekorative Tapete zu dienen. Auf die Frage, ob normale Wohnungen oder Kunstgalerien der beste Ort für seine Bilder seien, antwortete er: „Es macht keinen Unterschied – es ist nur Dekoration." Diese Ansicht ist in unserer Massenkultur nachvollziehbar, denn Gemälde und ihre Reproduktionen dienen heute meist in der Tat als dekorativer Wandbehang.

Schädel
———
1976
Synthetische Farbe und Serigraphie auf Leinwand
6 Tafeln, jede 38,1 x 47,6 cm
Anthony Offay Gallery, London

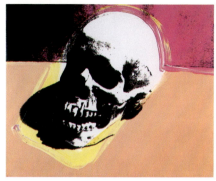

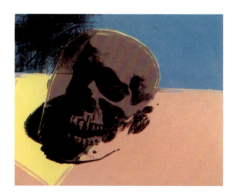

Die andere Hälfte der Ausstellung von 1966 bestand aus einem Raum mit silbernen, heliumgefüllten Ballons, die den Namen *Silver Clouds (Silberwolken)* trugen und ziellos umherschwebten. Ursprünglich hatte Warhol schwebende Glühbirnen vorgesehen – er besaß ein Bild von Jasper Johns, das eine horizontal liegende Glühbirne zeigt –, aber dies erwies sich als technisch nicht realisierbar und so beschied er sich mit den Ballons. Er befand sich hiermit an der Speerspitze der zeitgenössischen Bildhauerei,

Cocker Spaniel
―――――――――
1976
Synthetische Farbe und Serigraphie auf Leinwand,
127 x 101,6 cm
Galleria Cardi & Co, Mailand

denn die *Silver Clouds* verbanden die kinetische mit der partizipatorischen Bildhauerei, da das Publikum die Objekte berühren konnte. Im Jahr 1968 sollte Merce Cunningham diese Objekte sogar in seinem Ballett *Rainforest* einsetzen. Warhol sagte über diese Werke:

Ich wollte nicht mehr malen, also dachte ich mir, dass ich für mich der Malerei ein Ende setzen könnte, wenn ich ein schwebendes Bild schaffe, also erfand ich die silbernen Rechtecke, die man mit Helium füllt und aus dem Fenster schweben lässt.

Hammer und Sichel

1976
Synthetische Farbe und Serigraphie auf Leinwand,
182,8 x 218,4 cm
Sammlung Mugrabi

Warhol behauptete, die *Silver Clouds* seien auch für Menschen mit zu viel Besitz gedacht, die nur die Ballons wegschweben lassen müssten, um einen Gegenstand weniger zu haben, um den sie sich sorgen müssten. Selbstverständlich eigneten sich weder die Kuhtapete noch die Ballons (die auf Grund von Gasverlust hin und wieder aufgefüllt werden mussten) für Massenverkäufe, so dass die Ausstellung finanziell gesehen ein Misserfolg war.

Hammer und Sichel

1976
Synthetische Farbe und Serigraphie auf Leinwand
182,8 x 203,2 cm
Sammlung Mugrabi

Die Ausstellung von 1966 markiert das Ende von Warhols bester Periode als visueller Künstler, da der Fokus seines schöpferischen Interesses sich nun verlagerte. Wenn man die bildhauerischen Werke der Verpackungskartons und *Silver Clouds*, die offensichtlich viel mit den kunstkritischen Gesten früherer Meister des Dadaismus wie Marcel Duchamp gemein haben, einmal ausklammert, lässt sich der Großteil der zwischen 1961 und 1966 entstandenen Werke in zwei Kategorien einteilen. Da sind einmal die ikonenhaften Bilder von Konsumobjekten.

Wandernder Torso
———————
1977
Synthetische Farbe und Serigraphie auf Leinwand
127 x 101,9 cm
Sammlung Mugrabi

Bei diesen Bildern hatte Warhol sich offensichtlich von der Weise inspirieren lassen, mit der Jasper Johns die ikonenhafte Qualität der amerikanischen Fahne intensiviert hatte, indem er sie frontal isolierte und in ein Feld flacher Farbe einbettete. Warhol benutzte ganz ähnliche Techniken, um Objekte oder Menschen als Ikonen, seien es auch Ikonen der amerikanischen populären Kultur, zu zeigen. Zum Zweiten gibt es die Situations-Bilder wie die Malen-nach-Zahlen-Bilder und die Bilder von Tod und Katastrophen.

Selbstportrait mit einem Schädel

1978
Acryl und Serigraphie auf Leinwand
40,6 x 33 cm
Privatsammlung

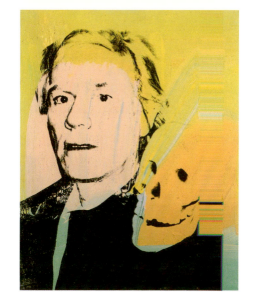

Der visuelle Grundstoff dieser Arbeiten eignete sich weniger zur Darstellung als Ikone, weil er visuell asymmetrischer ist und es sich vor allem um dramatische Situationen und nicht um statische oder passive Objekte handelt. In beiden Kategorien birgt die Wiederholung der Bilder Implikationen über die Massenkommunikation. Zwischen 1961 und 1966 stammten Warhols Motive aus einem großen Spektrum an Aktivitäten und Erscheinungen: Massenfertigung und

Selbstportrait
_____

1978
Acryl und Serigraphie auf Leinwand
100 x 100 cm
Privatsammlung

Kommerzialisierung; die Anbetung des Geldes und der Medien; die Oberflächlichkeit der Massenmedien; Kriminalität, Tod und Katastrophen, Flora und Fauna. Warhols bis 1966 gewachsene Desillusionierung mit fest umrissenen Bildern war daher wahrscheinlich unvermeidlich, denn er hatte die Motive „...so schnell [verbraucht], dass er seine Vorstellungskraft erschöpft fühlte".

O.J. Simpson

1978
Acryl und Serigraphie auf Leinwand
101,6 x 101,6 cm
Sammlung Richard Weisman, Seattle

Angesichts dieser Erschöpfung wandte Warhol sich anderen Formen künstlerischen Ausdrucks zu. Im Dezember 1965 nahm er die Rockgruppe *Velvet Underground* unter seine Fittiche und machte sie im April 1966 unter dem neuen Namen *Exploding Plastic Inevitable* zum Kernstück einer Multimedia-Musik-Ausstellung. Warhol begann weiterhin mit der Arbeit an seinem ersten kommerziell erfolgreichen Film, *Chelsea Girls*, bei dem er erneut sein Streben nach der Vermittlung immer wieder neuer

Eine grüne Kuh
———
1979
Acryl und Serigraphie auf Leinwand, 118 x 68,9 cm
Sammlung Bruno Bischofberger, Zürich

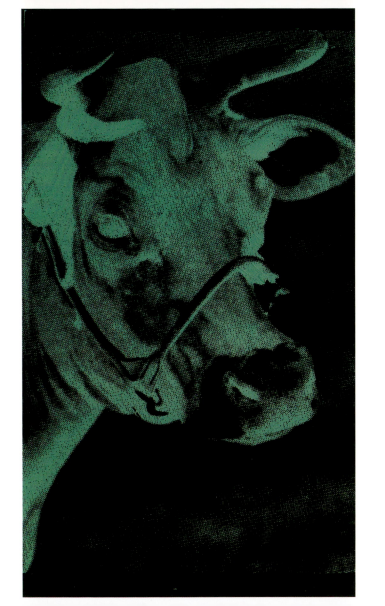

visueller Erfahrungen dokumentierte, denn mehrere Spulen des Films mit jeweils eigenem Soundtrack sollten gleichzeitig auf zwei benachbarte Leinwände projiziert werden. Hinsichtlich seiner Aktivitäten als Maler und Bildhauer befand sich seine Karriere jedoch im Niedergang. Er suchte erneut Hilfe von außen. Wie Ivan Karp sich später erinnerte, klagte Warhol:

Weiße Mona Lisa
―――――――――――
1979
Acryl und Serigraphie auf Leinwand, 62,9 x 50,5 cm
Sammlung Bruno Bischofberger, Zürich

„Ivan, es ist nichts mehr für mich übrig." Er sagte: „Ich bin eine populäre Persönlichkeit…aber ich habe keine Bilder." Ich sagte: „Was bleibt dir übrig? Mal dich selbst."

Das Resultat war eine Gruppe von Selbstporträts, die, bewusst oder unbewusst, verdeutlichen, dass Warhol bis zum Jahr 1967 selbst eine kulturelle Ikone geworden war. Dies wurde bald auch dadurch belegt, dass sie sich zu Warhols am stärksten verbreiteten Arbeiten entwickelten. Ebenfalls im Jahr 1967

Retrospektive Schwarz auf Schwarz

1979
Synthetische Farbe und Serigraphie auf Leinwand
75,5 x 187,9 cm
Sammlung Mugrabi

schuf Warhol einen weiteren Satz von Bildern des elektrischen Stuhls. Sein größter Fortschritt als Maler in diesem Jahr bestand aber wohl darin, dass er das kreative und kommerzielle Potenzial großformatiger Drucke erkannte. Nun produzierte er zehn Porträts von Marilyn Monroe als Siebdrucke auf Papier, die er in einer Edition von 250 Sätzen auflegte. Diese Drucke demonstrieren einmal mehr Warhols bemerkenswerte Fähigkeiten als Kolorist.

Portrait Joseph Beuys
―――――――――
1980
Serigraphie auf Leinwand,
synthetische Polymere mit Diamantpulver
254 x 203,2 cm
Museum für Gegenwart, Berlin

In den späten 60er Jahren umgab Warhol sich in seinem Studio am Union Square West 33, der sogenannten *Factory*, mit vielen von Drogen oder psychologischen Problemen gestörten Anhängern und Helfern. Am Spätnachmittag des 3. Juni 1968 betrat Valerie Solanas, eine psychisch kranke Schauspielerin, Feministin und Gründerin der nur aus ihr selbst bestehenden *Gesellschaft zur Vernichtung der Männer*, Warhols Studio und feuerte mit einer Pistole drei Schüsse auf ihn ab. Die dritte Kugel war ein glatter Durchschuss und verletzte Warhol an der Gallenblase,

Zehn Portraits von Juden des 20. Jahrhunderts
(Die Marx Brothers)

1980
Acryl und Serigraphie auf Leinwand
101,6 x 101,6 cm
Ronald Feldman Fine Arts, New York

der Leber, der Milz und weiteren wichtigen Organen schwer. (Später wurde sie zu drei Jahren Gefängnis verurteilt.) Warhol wurde so schnell wie möglich ins Krankenhaus gebracht und sofort operiert. Die Operation war glücklicherweise erfolgreich, obwohl Warhol sich im folgenden Jahr noch einmal operieren lassen musste. Der erfolglose Mordversuch hatte große psychologische Auswirkungen auf Warhol und verstärkte sein Gefühl, dass sowohl Leben als auch Kunst sinnlos seien.

Schuhe mit Diamantstaub

1980
Serigraphie auf Leinwand,
synthetische Polymere mit Diamantpulver
228,6 x 177,8 cm
The Andy Warhol Museum, Pittsburgh

Warhol gab die Malerei zwischen 1969 und 1971 praktisch auf. Er sagte einem Freund: „Die Kritiker sind die wahren Künstler, die Händler sind auch die wahren Künstler. Ich male nicht mehr. Die Malerei ist tot." Stattdessen verstärkte er seine sonstigen Aktivitäten und gründete im Herbst 1969 eine Untergrundfilm-Zeitschrift namens *Andy Warhol's Interview* und drehte seinen erfolgreichsten Film, *Trash*. Warhol wandte sich im Winter 1971/72 wieder der visuellen Kunst zu,

Martha Graham

―――――――――

1980
Serigraphie auf Leinwand,
synthetische Polymere mit Diamantpulver
101,6 x 101,6 cm

indem er über 2000 Bilder des chinesischen Kommunistenführers Mao schuf. Es handelte sich hier um ein meisterhaft ironisches Werk, da Mao die absolute Antithese zum amerikanischen politischen, wirtschaftlichen und kulturellen System verkörperte, während die massenhafte Verbreitung derartiger Bilder ein prägnanter Kommentar über die Verehrung von Politikern und die Verbreitung von sie glorifizierenden Bildern war.

Zehn Portraits von Juden des 20. Jahrhunderts
(Albert Einstein)

1980
Acryl und Serigraphie auf Leinwand
101,6 x 101,6 cm
Ronald Feldman Fine Arts, New York

Warhols wirkliche Interessen lagen jedoch nicht in der Politik. Er war wesentlich empfänglicher für den Glamour der Politik wie auch die Politik des Glamour. Um die Mitte der 70er Jahre war sein Magazin *Interview* sehr erfolgreich, nachdem es nicht länger eine Filmzeitschrift war, sondern sich mit der sich entwickelnden Szene von Manhattan beschäftigte. Zu dieser Zeit senkte der wachsende Wohlstand den gesellschaftlichen Narzissmus und das moralische Niveau der reichen New Yorker auf neue Tiefen ab, und Warhol befand sich an

Schuhe mit Diamantstaub

1980
Serigraphie auf Leinwand,
synthetische Polymere mit Diamantpulver
228,6 x 177,8 cm
The Andy Warhol Museum, Pittsburgh

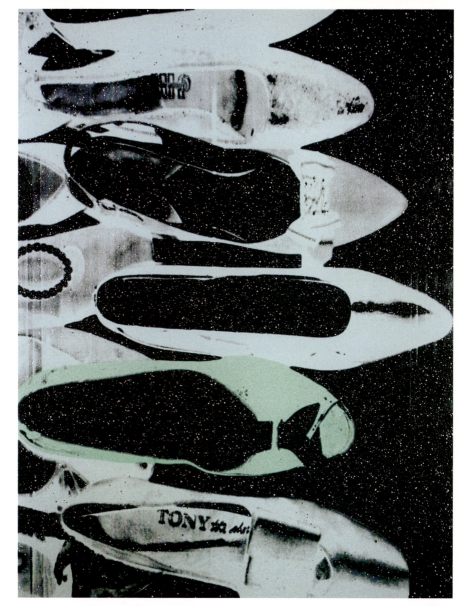

der Spitze dieses hedonistischen und gedankenlosen Lebensgefühls. Er frequentierte die bei der Schickeria sehr beliebte Discothek *Studio 54* und unterhielt Kontakte zu Popstars wie Bob Dylan, Mick Jagger und John Lennon. Er hing im Umfeld des Weißen Hauses herum und verkehrte mit dem Untergang geweihten Königen und Diktatoren wie dem Schah von Persien und dem philippinischen Präsidenten Marcos. Das Geld wurde mehr und mehr sein künstlerischer Antrieb, da sein üppiger Lebensstil viel davon verschlang, wie er in seinem 1975 veröffentlichten Buch *The Philosophy of Andy Warhol (Die Philosophie Andy Warhols)* erklärte:

Cross
―
um 1981-1982
Synthetische Polymere und Serigraphie auf Leinwand
228,6 x 177,8 cm
The Andy Warhol Museum, Pittsburg

Geschäftskunst ist der auf die Kunst folgende Schritt. Ich begann als ein kommerzieller Künstler und ich möchte als Geschäftskünstler enden. Nachdem ich diese Sache, die man „Kunst" oder so nennt, gemacht hatte, wandte ich mich der Geschäftskunst zu. Ich wollte ein Kunstgeschäftsmann oder ein Geschäftskünstler sein. Geschäftlicher Erfolg ist die faszinierendste Art der Kunst.

Pistole

1981
Acryl und Serigraphie auf Leinwand
177,8 x 228,6 cm
Anthony Offay Gallery, London

Um dieses Ziel zu erreichen, nahm Warhol nun viele Porträtaufträge der Reichen und Berühmten an. Es brauchte nur 25.000 Dollar, um von ihm gemalt zu werden. In der Mitte der 70er Jahre verdiente Warhol allein durch derartige Porträts mehr als eine Million Dollar pro Jahr. Von nun an verlief Warhols malerische Produktion auf zwei parallelen Gleisen: seine Gesellschaftsporträts, die gewöhnlich so nichts sagend sind wie seine Schriften über soziale Themen und jene leider wesentlich kleinere, aber keineswegs zu

Vielfache Mythen
___

1981
Synthetische Polymere und Serigraphie auf Leinwand
254 x 254 cm
The Andy Warhol Museum, Pittsburgh

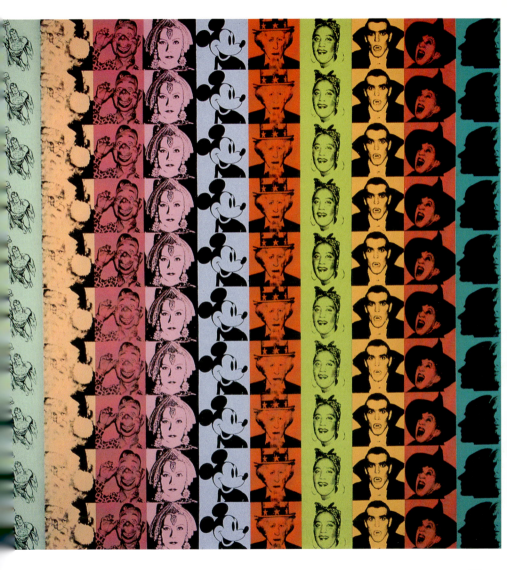

vernachlässigende Gruppe von Bildern und Drucken, in denen Warhol nach wie vor als großer Kommentator der künstlerischen und gesellschaftlichen Implikationen der Massenkultur wirkte.

Im Jahr 1975 produzierte Warhol Druckserien von Mick Jagger und die Serie *Ladies and Gentlemen* (*Damen und Herren*) mit Bildern von Transvestiten, die indes künstlerisch nicht weiter interessant sind. Im Frühjahr 1976 drehte er

Dollar Sign

1981
Synthetische Polymere und Serigraphie auf Leinwand
228,6 x 177,8 cm
The Andy Warhol Museum, Pittsburgh

seinen letzten Film, *Bad*. Es handelte sich um den teuersten all seiner Filme, aber er hatte keinen kommerziellen Erfolg, was Warhol seine Karriere als Filmemacher beenden ließ. Man kann die Tatsache beklagen, dass das Filmemachen Warhol für so viele Jahre von der Malerei abhielt, aber angesichts des Mangels an neuen Ideen für Bilder war es für Warhol sicherlich eine notwendige Tätigkeit, die in jedem Falle seine visuelle Vorstellungskraft stimulierte.

Dollar Sign
———
1981
Synthetische Polymere und Serigraphie auf Leinwand
228,6 x 177,8 cm
The Andy Warhol Museum, Pittsburgh

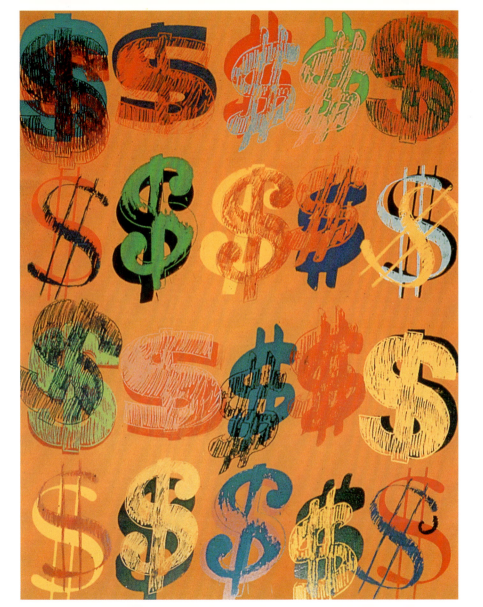

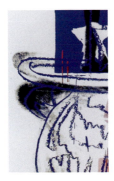

Warhols wichtigste Werke des Jahres 1976 waren seine aus Bildern und Drucken bestehenden Serien *Hammer and Sickle* (*Hammer und Sichel*) und *Skulls* (*Schädel*). Die Hammer und Sichel-Bilder fügen den Mao-Bildern eigentlich nichts hinzu, obwohl sie angesichts der Formen der abgebildeten Objekte visuell gesehen sehr einfallsreich sind. Die Schädel jedoch sind wirklich neue Motive in Warhols Werk. Sie beschwören nicht nur Assoziationen herauf,

Mythen (Uncle Sam)
―――――――――――――
1981
Acryl auf Leinwand, 152,4 x 152,4 cm
Ronald Feldman Fine Arts, New York

die Warhol nach den Schüssen von 1968 sicherlich besonders faszinierten, sondern stehen auch in einer langen Tradition von *memento mori*–Bildern in der westlichen Kunst.

Im Jahr 1977 schuf Warhol die Serien *Athletes* (*Athleten*) und *Torsos* (*Torsi*) sowie das Bild *American Indian* (*Der Indianer*), Serie von *Oxidations*-Bildern. Die *Athleten* waren ein schamloser Versuch, nach dem finanziellen Fiasko mit dem Film *Bad* schnelles Geld zu machen.

Mythen (Micky Maus)

1981
Synthetische Polymere und Serigraphie auf Leinwand
152,4 x 152,4 cm
Sammlung Mugrabi

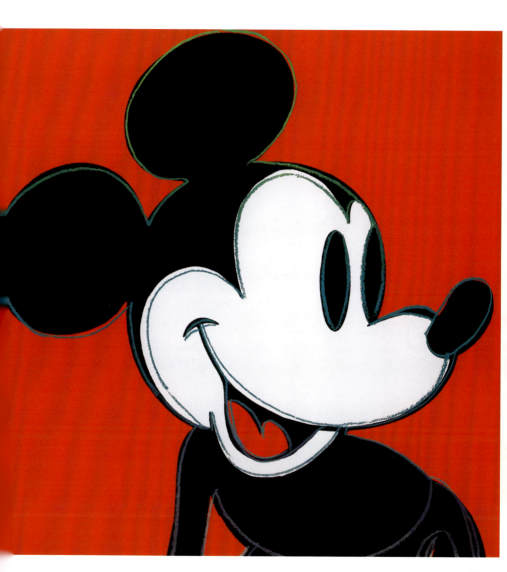

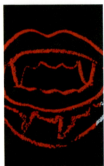

Die Serie bestand aus einer Reihe von Porträts führender Sportler wie Muhammed Ali, Pelé, Jack Nicklaus und Chris Evert. Jedoch ist keines der Bilder besonders interessant. Dies gilt auch für die *Torsos*, eine Gruppe aus Studien männlicher und weiblicher Akte, die Gegenständlichkeit mit Abstraktion zu verbinden suchen, aber aus keiner der beiden Perspektiven sonderlich stimulierend sind.

Mythen (Dracula)

1981
Acryl auf Leinwand, 152,4 x 152,4 cm
Ronald Feldman Fine Arts, New York

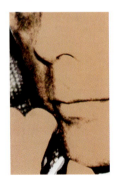

Das Bild *American Indian* ist schlicht ein Porträt von Russell Means, der in den 70er Jahren für die Rechte der amerikanischen Ureinwohner kämpfte. Und die *Oxidations*-Bilder verkörpern vermutlich den konzeptionellen und visuellen Tiefpunkt von Warhols Karriere. Es handelt sich um eine recht infantile Geste gegen die Kunst, die zwanzig

Giorgio Armani

1981
Acryl auf Leinwand, 100,9 x 100,9 cm
Ronald Feldman Fine Arts, New York

Jahre älteren Vorbildern nichts Wesentliches hinzufügt. Warhol produzierte diese Bilder, indem er Leinwände mit Kupferfarbe beschichtete und dann gemeinsam mit Freunden darauf urinierte, während die Farbe noch feucht war, so dass die chemische Reaktion die Farbe oxidieren ließ.

Messer

1982
Synthetische Polymere und Serigraphie auf Leinwand
180 x 132 cm
Sammlung Mugrabi

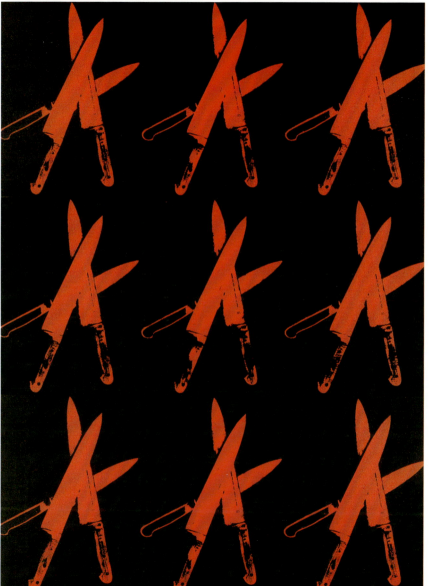

Warhol wandte sich 1978 mit den Motiven seiner nächsten Bildergruppe, den Bildern und Drucken von männlichen Geschlechtsorganen, der Pornografie zu. Diese Arbeiten unterscheiden sich ästhetisch und visuell nur geringfügig von ihren Quellen. Warhols Beitrag besteht lediglich in einigen recht sinnlos zu pornografischen Fotografien hinzugefügten Umrissen. Seine Serie *Shadows* (*Schatten*) war wesentlich anspruchsvoller. Es handelt sich hier um die einzigen nicht-gegenständlichen Bilder Warhols.

Revolver

1982
Synthetische Polymere und Serigraphie auf Leinwand
132 x 177,8 cm
Sammlung Mugrabi

Obwohl sie, jeweils für sich genommen, nicht sonderlich faszinierend sind, da sie oberflächlich an Arbeiten von Franz Kline erinnern, stellen sie, wenn sie gemeinsam ausgestellt werden, einen interessanten Kommentar über die kulturelle Verbreitung der abstrakten Kunst dar. Diese Bilder beinhalten noch eine weitere Bedeutungsebene, die indes nur sichtbar wird, wenn man sie im Kontext mit Warhols nächsten beiden Bilderserien, den aus dem Jahr 1978 stammenden *Reversals* (*Umkehrungen*) und *Retrospectives* (*Retrospektiven*), sieht.

Seismograph

1982
Synthetische Polymere und Serigraphie auf Leinwand
269,2 x 199,3 cm
Sammlung Mugrabi

In beiden Serien verarbeitete Warhol noch einmal vertraute Bilder, wobei er sich bei den *Retrospectives* vielleicht von Marcel Duchamp, der seine früheren Arbeiten in seinem *La Boite en Valise* (*Die Schachtel im Koffer*) wieder verwendet hatte, inspirieren ließ. Die *Reversals* wiederholen einfach nur Bilder aus früheren Werken wie den *Marilyns* oder *Mona Lisas*,

Eier
―――
1982
Synthetische Polymere und Serigraphie auf Leinwand
228,6 x 177,8 cm
The Andy Warhol Museum, Pittsburgh

wobei lediglich die Farben umgekehrt sind, so dass sie wie Negative von Fotografien aussehen Die *Retrospectives* vereinen alte Bilder Warhols, entweder in willkürlicher Anordnung oder in vertikal ausgerichteten Streifen. Die letztgenannten Konfigurationen entsprechen genau den Bilderstreifen aus Fotoautomaten oder erinnnern an nebeneinander gelegte Bildstreifen aus Filmen.

Zeitgeist: Stadium
---
um 1982
Synthetische Polymere und Serigraphie auf Leinwand
228,6 x 177,8 cm
The Andy Warhol Museum, Pittsburgh

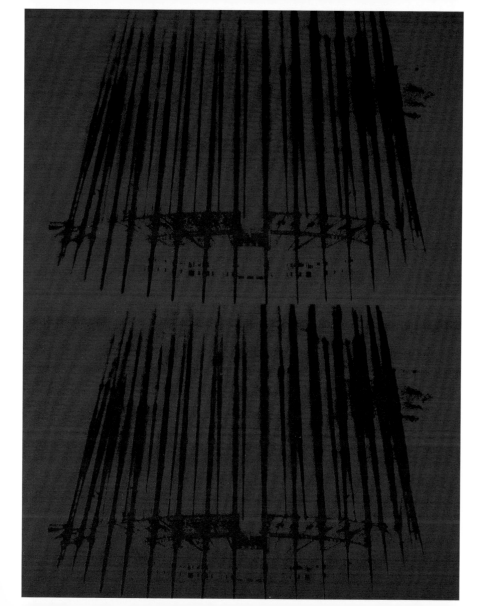

In all diesen Arbeiten erprobte Warhol neue Farbmöglichkeiten. Gleichzeitig enthalten sie einen Kommentar über ihn selbst, der zu seiner nihilistischen Grundhaltung passt: die *Reversals* bieten ein negatives Bild seiner Leistungen, während die *Retrospectives* entweder eine willkürliche Perspektive auf sein Werk eröffnen oder Kommentare zu seiner Arbeitsweise

Monument für 16 Soldaten

1982
Acryl und Serigraphie auf Leinwand
330,2 x 177,8 cm
Sammlung Bruno Bischofberger, Zürich

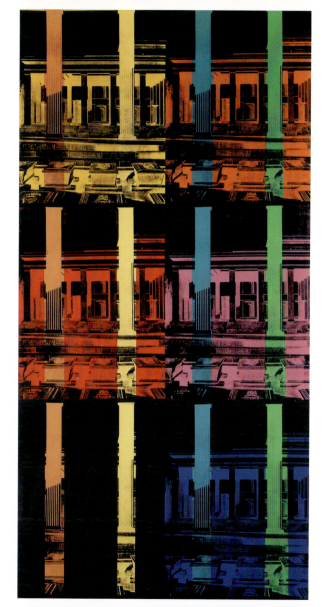

darstellen, so als ob seine Kunst einfach ein Massenprodukt sei, was 1979 zweifellos zutraf. Zusammengenommen bieten diese beiden Serien eine zusätzliche Einsicht, was Warhol mit seiner Schattenserie indirekt hatte sagen wollen, denn die Schatten sind eine der ältesten Metaphern für den negativen und vergänglichen Charakter der Dinge.

Apfel in Rot

1983
Acryl und Serigraphie auf Leinwand
35,8 x 27,9 cm
Sammlung Bruno Bischofberger, Zürich

Andy Warhol führte in den späten 70er und den 80er Jahren weiterhin ein Leben auf der Überholspur. Im Jahr 1979 produzierte er seine eigene Kabelfernsehsendung, *Andy Warhol's TV*. Obwohl diese Sendung etwa zwei Jahre lang ausgestrahlt wurde, war sie kein kommerzieller Erfolg, da sich nur wenige Menschen für Warhols selbstverliebte und narzisstische Selbstinszenierungen im Fernsehen interessierten.

Panda
———
1983
Acryl auf Leinwand, 35,8 x 27,9 cm

Er startete mit einer Bilderserie mit dem Titel *Ten Portraits of Jews of the Twentieth Century* (*Zehn Porträts von Juden des 20. Jahrhunderts*) in die 80er Jahre, die u. a. Porträts von Freud, Einstein, Gershwin, Martin Buber und den Marx Brothers umfasste. Im November 1981 markierte Warhol einen neuen künstlerischen Tiefpunkt, als er im Los Angeles Institute of Contemporary Art gemeinsam mit LeRoy Neiman ausstellte,

Terrier

1983
Acryl und Serigraphie auf Leinwand
35,8 x 27,9 cm
Sammlung Bruno Bischofberger, Zürich

MECHANICAL Terrier

NOT RECOMMENDED FOR CHILDREN UNDER 3 YEARS AGE.

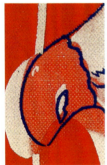

einem kitschigen Illustrator, der vor allem für den die Ausstellung auch unterstützenden *Playboy* arbeitete. Gleichzeitig jedoch schuf Warhol eine Reihe von Porträts von Joseph Beuys, die einen starken und geistreichen Kommentar über Beuys' Status abgeben, indem sein tonal verkehrtes Bild mit künstlichem Diamantstaub bedeckt wird, wodurch der Showgeschäft-Glitter assoziiert wird, der zu Beuys' Status in der Kunstwelt passt.

Papagei Nr. 3
―――――
1983
Acryl und Serigraphie auf Leinwand
24,9 x 19,9 cm
Sammlung Bruno Bischofberger, Zürich

Warhols folgende wichtige Gruppe von Kunstwerken stammt aus dem Jahr 1981, als er Bilder und Drucke in den Serien *Dollar Signs* (Dollarzeichen), *Knives* (Messer), *Guns* (Revolver) und *Myths* (Mythen) schuf. Der erste Satz stellte eine Rückkehr zu Warhols Lieblingsthema ohne konzeptionelle Neuheiten dar, obwohl die Phalanx der $-Zeichen recht geistreich ist. Die Messer und Revolver dienen als passive Erinnerung an die amerikanische Verherrlichung der Gewalt,

Die Mondfähre Nr. 8
___

1983
Acryl und Serigraphie auf Leinwand
24,9 x 19,9 cm
Sammlung Bruno Bischofberger, Zürich

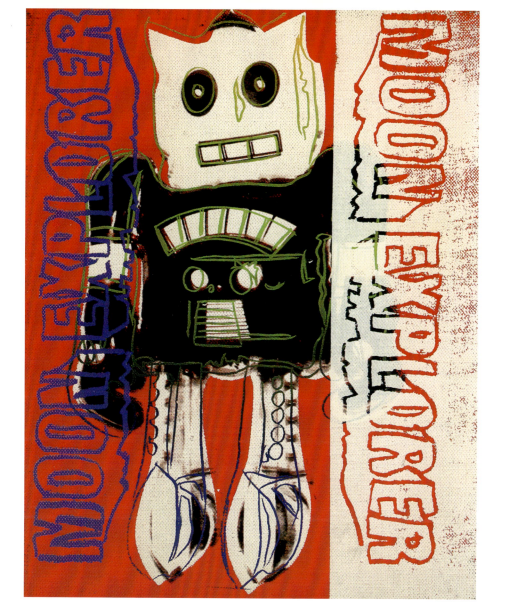

während die Mythen-Serie lediglich einmal mehr die mythische Qualität und kulturelle Bedeutung von Figuren wie Mickey Mouse, Superman, Uncle Sam und sogar Warhol selbst artikuliert.

Um seinen kostspieligen Lebenswandel finanzieren zu können, arbeitete Warhols mittlerweile recht bedeutungslose Porträtindustrie auf Hochtouren und brachte große Profite und zwar attraktive, aber wertlose Bilder hervor. Daneben gab es aber auch wichtigere neue Werke: die Serie *German Monuments* (*Deutsche Monumente*),

Roli Zoli
―――
1983
Acryl und Serigraphie auf Leinwand
35,8 x 27,9 cm
Sammlung Bruno Bischofberger, Zürich

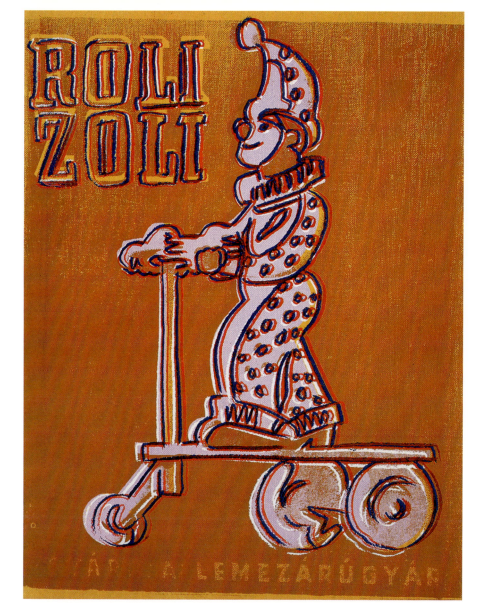

die unterschiedliche, auch von den Nazis errichtete Gebäude zeigte; das unkomplizierte Goethe-Bild, das lediglich Wilhelm Tischbeins Porträt des großen Dichters aufnimmt; und die De Chirico-Kopien, die mittels Wiederholung den Hang des italienischen Malers zur Repetition hervorheben. Das Jahr 1984 brachte weiteres kunstgeschichtliches Recycling, denn nun produzierte Warhol überarbeitete Versionen von Bildern von Edvard Munch sowie Werke, die Details aus den Bildern alter italienischer Meister enthielten.

Panda Bär

1983
Acryl und Serigraphie auf Leinwand
24,9 x 19,9 cm
Sammlung Bruno Bischofberger, Zürich

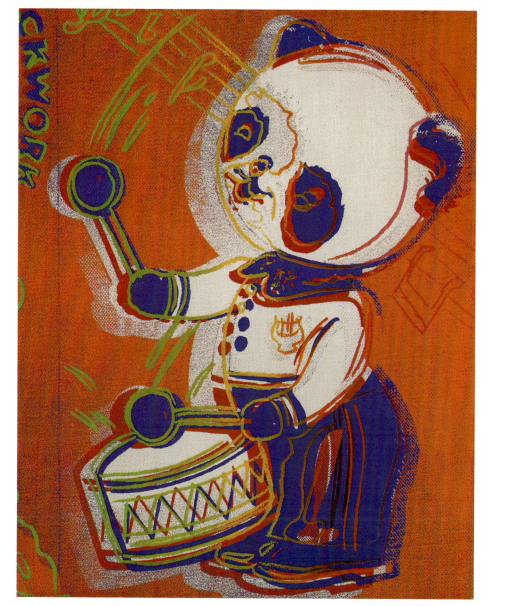

Keine der Serien fügt den Originalen irgend etwas hinzu. Warhols Zusammenarbeit im Jahr 1984 mit zwei viel jüngeren, aber aufstrebenden Stars der New Yorker Kunstszene, Francesco Clemente und Jean-Michel Basquiat, war ein weiteres Zeichen für seinen schwindenden Einfallsreichtum. Beide Künstler erlangten ihren Ruhm als Ergebnis der „postmodernen" Adaption von Graffiti und infantiler Bildsprache, und die Arbeiten, die Warhol gemeinsam mit ihnen schuf, sind ein schludriger Stilmischmasch ohne visuelle Aussage oder Überzeugung.

Rorschach

1984
Synthetische Polymere und Serigraphie auf Leinwand
304,8 x 243,8 cm
Gagosian Gallery, New York

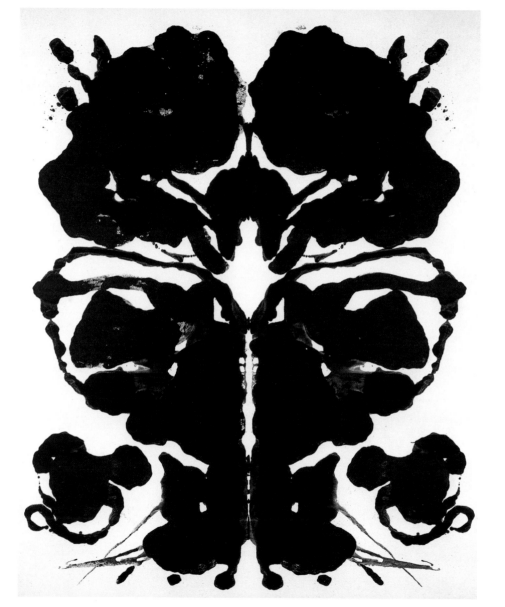

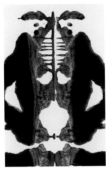

In diesem Falle imitierte das Leben die beziehungslose Kunst, denn als Warhol und Basquiat die Früchte ihrer Zusammenarbeit 1985 in New York ausstellten, sprachen sie bereits nicht mehr miteinander.

Die Qualität von Warhols Kunst war zu dieser Zeit sogar noch weiter gesunken, denn er brachte nun eine Bilder- und Druckserie auf den Markt, in der er lediglich Reklame für Produkte wie Chanel No. 5 und den Volkswagen-Käfer neu aufarbeitete.

Rorschach

1984
Synthetische Polymere und Serigraphie auf Leinwand
279,4 x 254 cm
Gagosian Gallery, New York

Warhols Versuch, der Serie ein wenig Geist einzuhauchen, indem er einen chinesischen Entwurf, der James Dean zeigte, oder eine von Ronald Reagans alten Hemdenreklamen reproduzierte, zündete angesichts der offensichtlichen Prostitution seines Talents nicht. Es mag sich um „Geschäftskunst" gehandelt haben, aber nur ein schlechter Geschäftsmann panscht unverfroren die Qualität seines Produkts. Die Serie von Königinnen von England, Dänemark,

Jean-Michel Basquiat
―――――――――――
um 1984
Synthetische Polymere und Serigraphie auf Leinwand
101,6 x 101,6 cm
The Andy Warhol Museum, Pittsburgh

Holland und Swaziland wurde ausschließlich von Assistenten nach Anweisungen Warhols produziert, wobei die Verantwortung für diese langweiligen Bilder jedoch allein bei Warhol liegt.

Im Jahr 1986 schuf Warhol zwar neue, aber müde Bilder von Lenin und Friedrich dem Großen. Die Lenin-Bilder waren durch dieselbe Ironie wie die Mao-Serie charakterisiert, während die Bilder von Friedrich dem Großen schlicht auf den lukrativen deutschen Markt schielten und überhaupt nichts über den großen Preussen,

Das fleischfressende Monster

Andy Warhol und Jean-Michel Basquiat, 1984-1985
Synthetische Polymere und Serigraphie auf Leinwand
261,6 x 260,4 cm
Gagosian Gallery, New York

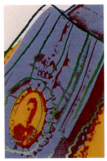

ironisch oder anders, aussagten. Danach kehrte Warhol allerdings auch wieder zu alter Form zurück, denn in seiner Serie *Last Supper* (*Das letzte Abendmahl*) hatte Warhol etwas darüber zu sagen, wie große religiöse Kunst in Kitsch verwandelt werden kann, während er durch die Verwendung von Tarnkleidungsmustern in seinen letzten Selbstporträts und anderen Arbeiten (darunter eine Reihe von Bildern vom letzten Abendmahl) interessante visuelle Maskierungen schuf, die einmal mehr die Negation artikulierten.

Regierende Königinnen, Königin Elizabeth II

1985
Serigraphie auf Papier, 100 x 79,5 cm
Tate Gallery, London

Und in seiner letzten Bilderreihe, den genähten Fotografien aus den Jahren 1986 und 1987, setzte Warhol wieder die Stilmittel der Wiederholung und der Tonalität ein, um einmal mehr die kulturelle Wiederholung zu thematisieren und gegenständliche Bilder näher an die Abstraktion heranzurücken. Dies war stets ein positives Merkmal seiner Kunst gewesen, seitdem er sich bewusst geworden war, dass Wiederholung die inhärente Abstraktheit der Dinge zum Vorschein bringt.

Regierende Königinnen,
Ntombi Twala von Swaziland

1985
Synthetische Polymere und Serigraphie auf Leinwand
127 x 106,7 cm
Gallerie Cardi & Co., Mailand

Später schuf Warhol Bilder von Rado-Uhren und von Ludwig van Beethoven und begann mit den Planungen für eine neue grandiose Serie von Bildern über die Geschichte des amerikanischen Fernsehens. Aber hierzu sollte es nicht mehr kommen. Am 20. Februar begab Warhol sich in ein New Yorker Krankenhaus, um sich am nächsten Tag einer Routineoperation an der Gallenblase zu unterziehen. Die Operation selbst war zwar erfolgreich, die post-operative Versorgung aber mangelhaft und Warhol starb,

Dolly Parton

1985
Synthetische Polymere und Serigraphie auf Leinwand
zwei Tafeln, jede 106,7 x 106,7 cm
The Andy Warhol Museum, Pittsburgh

59-jährig, am Morgen des 22. Februar 1987. Er wurde am 26. Februar in Pittsburgh beigesetzt. Sein Grabstein trägt lediglich seinen Namen und seine Lebensdaten, obwohl er einst verfügt hatte, dass er entweder leer bleiben oder nur das Wort *figment* (Erfindung) aufweisen sollte. Der größte Teil seines auf 75 bis 100 Millionen Dollar geschätzten Nachlasses sollte eine Kunststiftung bilden, die Andy Warhol Foundation for the Visual Arts, die heute zu den reichsten derartigen Institutionen in den Vereinigten Staaten gehört.

New Flame

Andy Warhol, Jean-Michel Basquiat, 1985
Acryl auf Leinwand, 200 x 264 cm
Sammlung Bruno Bischofberger, Zürich

Am Ende seines Lebens war Andy Warhol eine der berühmtesten Mediengestalten seiner Zeit und eine Verkörperung oberflächlicher zeitgenössischer sozialer Sittenkodizes. Aber dies sollte uns nicht seine frühere Ernsthaftigkeit und seine künstlerischen Leistungen vergessen lassen. Seine Produktion als Künstler war nach der Mitte der 60er Jahre ohne Zweifel von sehr unterschiedlicher Qualität, aber dies erscheint fast unvermeidlich,

Öfen

Andy Warhol, Jean-Michel Basquiat, 1985
Acryl auf Leinwand, 203,2 x 274 cm
Sammlung Bruno Bischofberger, Zürich

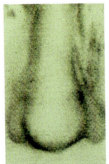

da Warhol in den Jahren zwischen 1961 und 1966 die meisten wichtigen Aspekte des zeitgenössischen Lebens thematisiert und folglich nicht mehr viel Neues zu sagen hatte. Nach dieser Zeit sind seine Bilder sehr uneinheitlich. Und nach 1968 schien es Warhol aus nachvollziehbaren Gründen so, als lebe er auf geliehene Zeit, was den Nihilismus und die Oberflächlichkeit seiner späteren Jahre zum Teil erklärt. Aber trotz dieses offensichtlichen Zynismus und seiner vorgeblichen Weigerung, ernsthaft zu erscheinen,

Selbstportrait
―――――
1986
Acryl und Serigraphie auf Leinwand
101,6 x 101,6 cm
Privatsammlung

war Andy Warhol weit mehr als ein oberflächlicher Popkünstler. Anders als bei vielen anderen Künstlern seiner Zeit geht es in seinen besten Arbeiten niemals nur darum, in einer Massenkultur Spaß zu haben. Sie konfrontieren uns vielmehr mit den tief liegenden und unbequemsten Wahrheiten unserer Zeit, der Unmenschlichkeit, Ausbeutung, Banalität, Trivialisierung und zerstörerischen Qualität der modernen Kultur und dem Verlust unseres Glaubens an Gott, die Kunst und das Leben selbst.

Das Abendmal

1986
Synthetische Polymere und Serigraphie auf Leinwand
101,6 x 101,6 cm
The Andy Warhol Museum, Pittsburgh

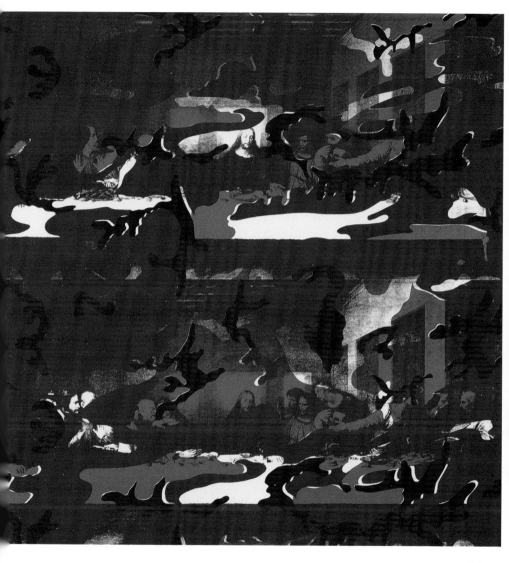

Es mag sein, dass Warhol wie eine Maschine wirken wollte, aber jenseits aller Gelassenheit, vorgeblichen intellektuellen Leere und Ruhmsucht war er ein Künstler, der das Leid der Zeit klar fühlte und in einem großen Teil seiner Werke subtil und geschickt artikulierte. Das Leid kann nicht nur mittels gequälter Äußerungen, sondern auch mit einer distanzierten oder gar hohlen Stimme zum Ausdruck gebracht werden. In Warhols Bildern

Das Abendmal
―――――――――
1986
Synthetische Polymere und Serigraphie auf Leinwand
198,1 x 777,2 cm
The Andy Warhol Museum, Pittsburgh

der Objekte und sonstigen falschen Idole liegt das Leiden unmittelbar unterhalb der glänzenden Oberfläche der Bilder und wartet nur darauf, dass der Betrachter sich auf sie einlässt. Wenn wir sie ernst nehmen, ist die Kunst von Andy Warhol eine beredte Warnung vor den Gefahren, mit denen wir in unserem immer manipulativer werdenden neuen Jahrtausend konfrontiert sind.

Camouflage
———
1986
Synthetische Polymere und Serigraphie auf Leinwand
203,2 x 203,2 cm
Gagosian Gallery, New York

LISTE DER ABBILDUNGEN

5 Tote in Gelb (Gelbes Desaster)   69

12 Elektrische Stühle   87

16 Jackies   91

100 Dosen   49

129 Tote nach einem Flugzeugabsturz   39

A

Das Abendmal   243, 245

Apfel in Rot   209

Die Atombombe   113

B

Blaues Photo von Marylin   85

Blumen   63, 89, 111

Brillo Dosen   121

Brooke Hayward   135

C

Cagney	103
Camouflage	247
Campbell's Suppendose (Türkische Nudeln)	25
Campbell's Tomatensaft-Dose	101
Capricorn Sloe Whiskey Fizz	11
Close Cover Before Striking	41
Close Cover Before Striking (Pepsi-Cola)	47
Cocker Spaniel	147
Cross	179

D

Davor und Danach	21
Dick Tracy	19
Do It Yourself (Landschaft)	33
Do It Yourself (Segelboote)	43
Dollar Sign	185, 187

Dolly Parton	235
Doppelter Elvis	71
Doppeltes Selbstportrait	117
Dreißig sind besser als Eine	79

E

Eier	203
Ein-Dollar-Banknote	37
Eine grüne Kuh	161
Elvis, 49 Mal	45
Ethel Scull	83
Ethel Scull Triptychon	77

F

Das fleischfressende Monster	229
Freiheitsstatue	65

G

Gangster Beerdigung	73
Gilbert and Georges	139

Giorgio Armani   195
Golden Boy   9
Grüne Coca Cola Flaschen   27

H
Hammer und Sichel   149, 151
Horoskop für die Cocktailstunde   13

J
Jackie   105
Jean-Michel Basquiat   227

L
Ladies and Gentlemen   141, 143
Lakritz-Marilyn   53

M/N
Man Ray   137
Männerleben   59
Mao   127, 131, 133

Marella Agnelli	125
Marilyn	119
Marilyn Monroes Lippen	29
Marilyn-Dyptichon	57
Martha Graham	173
Messer	197
Die Mondfähre Nr. 8	217
Monument für 16 Soldaten	207
Most Wanted-Mann Nr. 11, John Joseph H.	99
Mythen (Dracula)	193
Mythen (Micky Maus)	191
Mythen (Uncle Sam)	189
Neun Jackies	107
New Flame	237

O

O.J. Simpson	159
Öfen	239
Oranges Desaster Nr. 5	81

P

Panda	211
Panda Bär	221
Papagei Nr. 3	215
Pfirsichhälften	31
Philip Johnson	123
Pistole	181
Portrait Joseph Beuys	167

R

Rassenunruhen	109
Regierende Königinnen, Königin Elizabeth II	231
Regierende Königinnen, Ntombi Twala von Swaziland	233
Retrospektive Schwarz auf Schwarz	165
Revolver	199
Roli Zoli	219
Rorschach	223, 225

S

Saturday's Popeye	23
Schädel	145

Schlitz Cans	51
Schuhe mit Diamantstaub	171, 177
Seismograph	201
Selbstportrait	93, 95, 97, 157, 241
Selbstportrait mit einem Schädel	155
Silber Liz	67
Sterne, Herzen, Schmetterlinge, Obst und Vögel	15

T

Tanz-Schema (Foxtrott)	35
Terrier	213
Tunfisch-Desaster	75

U

Unfall des grünen Autos	61

V

Vielfache Mythen	183
Vier farbige Campbell's Suppendosen	115
Vier Marilyns	55

W

Wählt McGovern   129
Wandernder Torso   153
Weiße Mona Lisa   163
Wo ist dein Bruch?   17

Z

Zehn Portraits von Juden des 20. Jahrhunderts (Albert Einstein)   175
Zehn Portraits von Juden des 20. Jahrhunderts (Die Marx Brothers)   169
Zeitgeist: Stadium   205